ZKS Verlag für psychosoziale Medien
Erfahrungsräume innerer Achtsamkeit

Für Anna

Impressum

CIP-Titelaufnahme der Deutschen Bibliothek:

Tony Hofmann
Denken in Prozessen
Ein Paradigma für bewegte Zeiten
Alle Rechte vorbehalten.

© 2020 Tony Hofmann
ISBN: 978-3-947502-29-5
Cover und Layout: Hanna Hoos
Druck und Vertrieb: BoD GmbH, Norderstedt

Die Reihe "Erfahrungsräume innerer Achtsamkeit" wird
herausgegeben von Dr. Tony Hofmann.

ZKS Verlag für psychosoziale Medien
Albrecht-Dürer-Str. 166
97204 Höchberg
info@zks-verlag.de
www.zks-verlag.de

Inhaltsverzeichnis

Prozessgeflüster

Als meine Großmutter in ihren letzten Lebensjahren war, sagte sie manchmal zu mir, mit einem leisen Seufzen: „Ich passe nicht mehr in die Welt, Tony." Sie hatte das Gefühl, den Anschluss verloren zu haben. Die Welt hatte sie überrundet. Sie freute sich mehr über die Blumen auf dem Balkon und über ihre Katze, als zu versuchen, alles, was „da draußen" so vor sich ging, noch verstehen und mitgestalten zu wollen.

Alles verändert sich. Nicht nur Menschen im hohen Alter empfinden dies so. Auch viele Jüngere können kaum Schritt halten mit dem schneller werdenden Takt der Veränderung. Der Wandel der Welt, und die Krisen, die sich daraus ergeben, bringt viele an ihre Grenzen. Die Herausforderung, mit globalen Veränderungen umzugehen, zeigt sich auf drei Ebenen[1]:

(1) Wir können die **Natur** im Kleinen beherrschen, im Großen jedoch nicht. Folgt man den Prognosen der Wissenschaft, so deutet alles darauf hin, dass wir uns „warm anziehen" müssen: Der Klimawandel ist nicht mehr aufzuhalten. Es geht nicht mehr darum, *ob* sich die Natur verändert, sondern nur noch darum, *wie stark* und was die sozialen,

---

[1] Eine detailliertere, wissenschaftlich untermauerte Diskussion der genannten Punkte ist zu finden bei Hofmann (2017, S. 19ff.).

gesellschaftlichen und politischen Auswirkungen sein werden. Auch die wichtigsten materiellen Ressourcen, auf denen unsere Kultur aufbaut (z.B. das Erdöl), gehen langsam zur Neige. Die technische Entwicklung kann das nicht kompensieren. Die Erde kann nicht fast acht Milliarden Menschen ernähren, wenn jeder auf dem Niveau der westlichen Gesellschaften leben möchte. Wir brauchen neue Möglichkeiten, um von einer imperialen Lebensweise[2] zu einem verträglicheren Umgang zu kommen. Die Frage ist nur - wie soll uns etwas gelingen, was sich zunächst wie Verzicht anfühlt? Aufgrund der Entwicklung von resistenten Keimen und der internationalen Vernetzung von Reiseströmen kann es zudem immer wieder zu unvorhersehbaren weltweiten Pandemien kommen, die auch mit Antibiotika oder anderen „klassischen" Medikamenten nicht oder nicht kurzfristig zu behandeln sein werden. Wie können wir medizinischen Herausforderungen - wie etwa die der Corona-Krise im Jahr 2020 - zukünftig adaptiv begegnen, ohne im Vorfeld auch nur erahnen zu können, was uns erwartet?

(2) Wir versuchen, Fragen wie diese mit wissenschaftlichen Fakten zu untermauern. Das ist sehr begrüßenswert. **Wissenschaft** kommt dabei jedoch selbst an ihre Grenzen. Es gibt so viel Fachwissen, so viele Expertinnen und Experten für spezifische Themenfelder, dass es schier unmöglich ist, einen Überblick zu bekommen. Vielfältig sind die Perspektiven, die Positionen, die unterschiedlichen Fachsprachen. Wissen als die Ansammlung von bloßer Information ist nicht der Weisheit letzter Schluss. Wir versuchen heute, fachübergreifend in großen

---

[2]vgl. Brand & Wissen, 2017

Zusammenhängen zu denken. Wir müssen uns eingestehen, dass wir nicht sicher „wenn a, dann b" sagen, sondern bestenfalls in Wahrscheinlichkeiten sprechen können. Die Welt ist voll von Wechselwirkungen, und die sind eben nur sehr schwer vorherberechenbar. Auch dann nicht, wenn wir vernetzte Supercomputer mit künstlicher Intelligenz einsetzen. Das Paradoxe dabei: Es wäre keine Lösung, uns dafür zu entscheiden, unwissenschaftlich zu sein, wenn wir Veränderungsprozesse systematisch durchdringen und verstehen wollen. Offen bleibt dann die Frage, wie gute Wissenschaft möglich ist und wie aus ihren Erkenntnissen stimmige Handlungskonzepte abgeleitet werden können.

(3) Auch das **Zusammenleben** von Menschen ändert sich. Die Digitalisierung beispielsweise verändert die Art, wie wir kommunizieren, grundlegend. Althergebrachte, starre Strukturen brechen vielerorts auf - egal, ob wir das Verschwinden der deutschen Kleinfamilie in den Blick nehmen oder die Auflösung des indischen Kastenwesens. Die typische „Normfamilie" - zwei Eltern, zwei Kinder, ein Auto, Haus, Garten und Hund - gibt es heute immer seltener. Menschen leben in unterschiedlichsten Konstellationen zusammen. Es gibt kein Standardmodell, viele Menschen sehnen sich nach einer Offenheit, die es ihnen erlaubt, sich in ihrer Individualität zu entfalten. Diese Offenheit macht uns jedoch verletzlich und mündet oft in fatale Dynamiken, die uns in Form von „negativen Beziehungen" den Boden unter den Füßen wegziehen[3]. Auch die Demokratie wagt sich derzeit in Randgebiete vor, die brüchig sind. Menschen wie Donald Trump, Vladimir Putin

---

[3]vgl. Illouz, 2018

oder Recep Tayyip Erdoğan verstehen es gekonnt, auf demokratischen Mechanismen zu spielen wie auf einer Klaviertastatur. Dies zeigt, wie empfindlich die Demokratie als Staatsform ist. Wie können wir die Chancen der Demokratie nutzen, ohne innerhalb ihrer Strukturen in alte, autoritäre Bahnen zurückzufallen?

Sind wir dabei, zu scheitern? Ein Moment des Scheiterns wäre kein Endpunkt. Jede Krise kann zugleich der Beginn sein von etwas Neuem. In diesem Buch soll ein Entwurf skizziert werden für eine neue, eine prozesshafte Denkweise. Prozessdenken kann dazu beitragen, Totpunkte des Scheiterns zu überwinden. Die Gedanken, die hier entfaltet werden, stammen in ihrem Ursprung nicht von mir, sondern von Eugene T. Gendlin, einem amerikanischen Philosophen, der in seiner frühen Jugend selbst ein Scheitern miterlebt hat. Als Kind wuchs er in Wien auf, seine Familie floh mit ihm vor den Nationalsozialisten in die USA. Die Geschichten, die sich um diese Flucht ranken, besagen, dass Gendlins Vater aus einer vagen Ahnung heraus gehandelt habe und dass sein Sohn, als er heranwuchs, sein ganzes Denken von dieser Grunderfahrung her aufbaute. Die Denkweise, die Gendlin in seinem Hauptwerk „Ein Prozess-Modell"[4] entwirft, zeigt Wege auf dafür, wie ein Scheitern (Gendlin nennt das „Prozess-Stopp") in etwas münden kann, was besser ist, als das, was vorher da war. Dies gilt für die kleinen Sackgassen des Alltags genauso, wie für große gesellschaftliche Krisen.

Das Versprechen dieses Modells: Prozessdenken trägt jedes Scheitern adaptiv voran - es zeigt,

---

[4]vgl. Gendlin, 2015

dass ein jedes Scheitern, wenn es in seinem Wesen bis ins Innerste durchdrungen wird, zugleich schon auf ein Gelingen hindeutet. Diese gedankliche Grundfigur ist von großer Relevanz für Bildung, für Psychotherapie und Beratung, aber auch für gesellschaftliche Fragestellungen, für digitale Prozesse, für Wirtschaft und Politik. Spezifische Totpunkte in den oben genannten Bereichen (Natur, Wissenschaft und Zusammenleben) können vielleicht überwunden werden, wenn wir das Scheitern verstehen und zulassen. Dann können zugleich die Möglichkeiten sichtbar werden, die inmitten der Totpunkte lebendige Perspektiven öffnen.

Wir müssten dafür auf einer sehr grundlegenden Ebene verstehen und zugeben, dass ohnehin alles immer in Veränderung begriffen ist, und nicht erst in jüngster Zeit. Wenn man es recht bedenkt, so gibt es eigentlich gar nichts, was nicht prozesshaft wäre. Wir selbst, aber auch unsere Vorgesetzten und Nachbarn, Politiker und Politikerinnen, Mitarbeiterinnen und Kunden, unsere Klienten und Patientinnen, unsere Kinder, Schülerinnen und Schüler, unsere Gemeinden und Institutionen - wir alle leben und arbeiten in Interaktionsprozessen. Und auch die Natur selbst ist ein vielschichtiges, dynamisches Gewebe aus Prozessen und Teilprozessen, und Teilprozessen von Teilprozessen und so fort, bis ins Innerste hinein. Sie war es schon immer, lange, bevor es die Menschheit gab.

Wenn wir es verstünden, prozesshaft zu denken, so könnten wir uns behutsam einfühlen in die Dynamiken und in die Möglichkeiten von dem, was da so vor sich geht. Wenn es uns gelänge, die Prozesse flüstern zu hören, so würden wir auch ein tieferes Verständnis für die schwierigen Prozess-stopps erlangen. Wir verstünden die Stopps dann gewissermaßen „von innen her". Jedes durchdringende Verstehen eines Problems ist schon der halbe Weg in Richtung einer stimmigen Lösung.

Das Denken in Prozessen bietet eine gedankliche Vorlage für einen professionellen Umgang mit situativer Komplexität. Überall da, wo es keine einfachen, planbaren Lösungen gibt, kann es weiterhelfen. Es kann für viele Berufsfelder, und auch für unseren „privaten" Alltag hilfreich sein, das Denken-in-Prozessen gezielt zu kultivieren.

Prozessdenken ist eine neue Art des Denkens. Um dessen Qualität vom üblichen Denken, wie wir es gewohnt sind, abzugrenzen, werde ich das herkömmliche Denken in diesem Buch als *logisches Denken* bezeichnen. Prozesshaftes Denken und logisches Denken werden auf diese Weise immer wieder als Kontraste gegenübergestellt. Ich möchte zeigen, dass das Prozessdenken nicht unlogisch, sondern mehr-als-logisch ist.

Das Denk-Modell, das im vorliegenden Buch entwickelt wird, ist keine einfache Zusammenfassung von Gendlins Prozessmodell. Es ist nicht möglich, ein solches Werk zusammenzufassen. Es ist selbst ein organischer Wachstumsprozess, in dem jeder kleine Schritt zählt. Würde man einen dieser Schritte weglassen, so würde das große Ganze in sich zusammenbrechen und sich in isolierten, beliebigen Details verlieren. Es ist jedoch möglich, ein *eigenes* Modell zu entwickeln, ein Modell, das von mir selbst vorangetragen wird, angeregt durch Gendlins Gedanken. Ich mache mir hier also einen Reim auf das, was ich bei Gendlin lese. Bitte seien Sie sich dessen durchgängig bewusst. Mein Ansinnen ist es, ein eigenes, unabhängiges Prozess-Modell hier so konsistent und zugleich so allgemeinverständlich wie möglich entstehen zu lassen.

Das Buch soll zudem eine Brücke bilden von den Gedankenspielen eines Buches hinein in die Prozesse des realen Lebens. Dies wird vor allem durch Fragen möglich, die Sie sich stellen können, wenn Sie über eine konkrete Lebenssituation, über ein Problem, über eine Fragestellung der Praxis nachdenken. Derartige Fragen finden Sie am Ende jedes Kapitels.

Prozessdenken, wie es bei Gendlin entwickelt wird, ist für die meisten von uns sehr ungewohnt. Ich habe mir den Luxus ermöglicht, mich jahrelang in dieses Denken zu vertiefen. Ich habe ihm bis in seine feinen Verästelungen hinein nachgespürt. Diese gedankliche Vorarbeit soll all denjenigen Menschen helfen, die diese Zeit nicht haben. Gendlin selbst hat einmal ein „philosophisches Auto" gebaut[5]. Das ist ein kurzer Text, den man benutzen kann wie ein Auto; also ohne zu verstehen, wie z.B. der Motor funktioniert. Genauso soll auch dieses Buch das Denken in Prozessen für Nicht-Philosophen zugänglich und vor allem in der Praxis anwendbar machen.

Wenn man lernt, in Prozessen zu denken, dann ist das so, als würde man eine neue Sprache erlernen. Paradox ist: Die meisten Worte dieser Sprache kennen Sie bereits. Dennoch werden Ihnen vermutlich viele der Gedanken, die Sie in diesem Buch finden, ungewohnt vorkommen. Sie kennen dann zwar die Worte, aber die Aussagen, die in diesen

---

[5]vgl. Gendlin, 2000

Worten formuliert sind, erscheinen Ihnen womöglich fremd. Falls das so sein sollte, so wundern Sie sich bitte darüber - denn dies ist ein gutes Zeichen. Es zeigt, dass Sie etwas wirklich Neuem auf der Spur sind. Vielleicht ist es hilfreich, das Buch zweimal zu lesen, um zunächst einen groben Überblick zu bekommen, und dann, beim zweiten Mal, „es" wirklich zu erfassen.

Einige einzelne Worte kommen vielleicht tatsächlich ganz neu zu Ihrem Wortschatz hinzu. Auf einen zentralen Begriff, der im Prozessdenken neu ist, möchte ich schon im Voraus hinweisen. Dann können Sie sich darauf einstellen. Er lautet: *Implizieren*. Ich verzichte an dieser Stelle darauf, zu definieren, was *Implizieren* im Prozessdenken bedeutet. Vielleicht haben Sie ja Lust, sich die spezifische Bedeutung dieses Begriffs während des Lesens aus dem Kontext zu erschließen. Vielleicht können Sie schlussfolgern, was *Implizieren* ist, aus der Art, wie ich es gebrauche. Am Ende des Buches werden Sie seine Bedeutung dann selbst definieren können.

Gendlin suchte bis ins hohe Alter hinein nach Möglichkeiten, um am Puls der Zeit zu bleiben. Was viele nicht wissen: Er hatte in seinen letzten Lebensjahren noch einen Facebook-Account. Dort schrieb er einmal:

> „Da das Prozessmodell in einer neuen und ungewohnten Sprache formuliert ist, ist es hilfreich, es wie ein Gedicht oder eine Metapher zu behandeln, wo man weiß, dass es nicht wortwörtlich zu nehmen ist. Der neue Sinn wird kommen, wenn man mit dem, was ungewohnt ist, pausiert und darauf wartet, dass die Bedeutung kommt. Sobald diese Art des Kommens beginnt, und sei es auch nur

ein ganz kleines bisschen, wird sie sich bei
jedem Weiterlesen immer weiter anreichern.“

Sie sind eingeladen, das vorliegende Buch wie ein Gedicht oder wie eine Metapher auf sich wirken zu lassen. Vielleicht gelingt es Ihnen, auch das Ungewohnte, Sperrige zuzulassen. Sie dürfen sich erlauben, dass Ihre persönlichen Bedeutungen nach und nach von selbst entstehen. Es kommt gar nicht so sehr darauf an, mich *richtig* zu verstehen. Machen Sie sich Ihren eigenen Reim auf meine Gedanken. Ich wünsche Ihnen für diesen kreativen Aneignungsprozess viel Vergnügen!

1 Verwoben

Gendlins Denken beginnt ganz unspektakukär, im Körper. Der Körper ist das, was auch Sie, liebe Leserin, lieber Leser, gerade jetzt in diesem Augenblick *sind*, während Sie dieses Buch in Ihren Händen halten. Ihr Körper, das sind die Finger, die die Seiten umblättern, die Atembewegungen, die Ihre Brust heben und senken und die Augenmuskeln, die Ihren Blick gezielt Zeile für Zeile weiterwandern lassen. Der Körper ist bei Gendlin nichts Statisches, keine Maschine, die man nach Belieben anhalten und wieder starten kann. Er ist selbst Bewegung, so lange er lebt. Der Körper ist selbst Prozess. Im Prozess des Lesens beispielsweise ist er das fortlaufende Zusammenspiel, das sich zwischen Ihnen und dem Buch ereignet.

Bemerken Sie, wie der Leseprozess voranschreitet und wie dabei die Augen, die über die Zeilen wandern und die Zeilen, die den Textfluss weiterführen, ineinandergreifen? Körper und Umwelt sind lesend ein Ganzes, die materielle Umwelt der Buchzeilen „verdichtet" sich sozusagen bis in Ihren Körper hinein. Es gibt im Leseprozess einen fließenden Übergang zwischen Körper und Buch: Augen wandern weiter, Hände blättern Seiten um, Textzeilen öffnen sich in ihrer Bedeutung, Augen wandern weiter, Hände blättern Seiten um, Textzeilen öffnen sich in ihrer Bedeutung und so fort. Im Leseprozess ist Ihr Körper zugleich auch das Buch und das Buch ist zugleich auch Ihr Körper. Beides ist, prozesshaft gedacht, so innig ineinander verzahnt, dass es gewissermaßen *ein voranfließendes Ganzes* ist.

Prozessdenken ist nicht dasselbe, wie logisches Denken. Aus logischer Sicht sind Sie es gewohnt, diese beiden Aspekte, Körper und Umwelt, als separat zu unterscheiden. Dies wird möglich, wenn Ihnen ein Betrachter beim Lesen zuschaut. Stellen wir uns vor, er beobachtet Sie eine Weile. Dabei erkennt er: Dort ist das Buch und das ist der Körper. Logisch gedacht ist die Trennlinie die Haut des Menschen. Alles, was außerhalb der Hautgrenze liegt, ist Umwelt; alles, was innerhalb liegt, ist Körper. Bemerken Sie, wie der Blick des gedachten Beobachters Ihren Körper und Ihre unmittelbare Umwelt wie mit einem scharfen Skalpell in zwei Bereiche teilt? Diese Trennung erfolgt im logischen Denken.

Die „übliche" Umwelt des Beobachters ist logisch durch Breite, Höhe und Tiefe definiert, sie ist materiell und statisch. Das Zusammenspiel der Prozesse von Umwelt und Körper ist jedoch dynamisch und veränderlich. Logisches Denken und prozesshaftes Denken unterscheiden sich in diesem Punkt eklatant von einander. Im logischen Denken sind Körper und Umwelt *getrennt*, im prozesshaften Denken sind Körper und Umwelt *ein und derselbe* Prozess.

Spinnen wir diesen Gedanken ein wenig weiter. Aus jedem Zusammenspiel von Körper und Umwelt können Produkte entstehen, innerhalb derer der Prozess sich fortsetzt. Dabei ist freilich zu bedenken, dass diese Produkte selbst auch wieder Prozesse sind. Ein Beispiel wäre das Netz der Spinne.

Logisch gedacht ist dieses Netz einfach ein spezifisch geformtes Gebilde aus Spinnenseide, das sich zwischen den Zweigen eines Baums aufspannt. Prozesshaft gedacht jedoch ist dieses feine Gebilde eine Art von natürlicher Fortsetzung der Lebensprozesse der Spinne, ein selbst geschaffener Typ von Umwelt. Der Lebensprozess der Spinne braucht diese Fortsetzung zwingend, um selbst weiterleben zu können. Das Netz ist also selbst (noch) Spinne, aber es ist zugleich auch (schon) etwas Eigenes. Es interagiert mit den Prozessen des Spinnenkörpers, mit den Prozessen der Beutetiere, mit den Prozessen der materiellen Umgebung (Wind und Luft, Regen und Trockenheit, Wachstum der Bäume). Es verändert sich im Laufe der Zeit, es wächst, es bekommt Risse, es wird repariert und so fort. Auch die Produkte von Lebensprozessen sind Prozess. Es gibt im Prozessdenken nichts, was sich nicht laufend verändert.

Im menschlichen Bereich ist fast alles, womit wir uns in selbstgeschaffenen Umwelten umgeben, Produkt und Prozess zugleich. Das Haus, das uns umgibt wie ein Mantel, ist in ständiger Veränderung begriffen. Es bröckelt, verwittert, wird gesäubert, renoviert und immer wieder neu bewohnbar gemacht. Die Fahrzeuge, die uns von Ort zu Ort transportieren, sind dem Verschleiß unterworfen, wir tauschen Öl aus, füllen neuen Treibstoff ein, tauschen kaputte Teile aus. Auch das Buch, das Sie in Ihren Händen halten, ist ein Produkt menschlicher Lebensprozesse. Wir leben in Büchern, Websites, Gesetzestexten und Filmen fort, definieren uns selbst und die Art unseres Zusammenlebens in diesen Symbolwelten immer wieder neu. Wir entwickeln Gedanken, verwerfen Gedanken, verbessern und erweitern Gedanken. Wir schreiben Bücher, archivieren Bücher. In Deutschland wurden zu bestimmten Zeiten sogar Bücher verbrannt, weil diejenigen, die das taten, ihre Inhalte nicht ertragen konnten. Einige Jahrzehnte später haben wir das tief bereut. Wir Menschen gestalten auf diese Weise in unseren kulturellen Werken eine gemeinsam-geteilte symbolische Umwelt, eine Art gedankliches Netz aus Bildern, Texten und Klängen, in dem wir miteinander leben können - gerade so, wie auch die Spinne ihr Netz baut, in dem sie weiterlebt. Wir brauchen diese selbstgeschaffene kulturelle Umwelt ebenso zwingend. Ohne Kultur könnten sich viele unserer Lebensprozesse nicht fortsetzen und würden zum Erliegen kommen.

Wir *sind* unsere kulturellen Werke, und zugleich sind die kulturellen Werke etwas Eigenständiges. Im Prozessdenken sind beide Aussagen wahr.

Prozesse sind zudem immer „nach vorne hin offen". Es gibt jederzeit die Möglichkeit, dass zukünftig etwas aus dem Reich der „ungeborenen Möglichkeiten" in das Prozessgeschehen einwirken wird, was jetzt noch nicht da ist. Seien wir uns, als im Prozessdenken Geschulte, dessen bewusst, dass es immer auch ganz anders kommen kann: Rechnen wir damit!

Zusammenfassung und Prozessreflexion

Logisches Denken bedeutet: Körper und Umwelt sind getrennt. Die Grenze zwischen beidem ist die Hautlinie. Prozessdenken bedeutet: Körper und Umwelt sind im Fortschreiten des Prozesses eng miteinander verzahnt, ja eigentlich ein vor-sich-gehendes

Ganzes. Die Kultur ist eine selbst geschaffene und frei gestaltbare Umwelt, in der wir leben können.

- Welche Bestandteile gehören für mich (noch) zum Prozess dazu, und was (schon) nicht mehr? Wo lässt sich für einen konkreten Prozess, über den ich hier nachdenke, die Grenze ziehen? Welche Körper- und welche Umweltaspekte sind für den Prozess relevant und welche nicht?

- Auf welche Weise spielen Körperaspekte und Umweltaspekte im konkreten Prozessgeschehen zusammen? Wie greifen sie ineinander? Was ist das Wesen oder der Kern eines spezifischen Prozesses?

- Was bringt ein konkreter Prozess hervor? Was wären konkrete symbolische Produkte (Gedanken, Bücher, Musikstücke, ...), die er benötigt, um in ihnen weiterleben zu können? Wo ahne ich eine bisher noch ungeahnte Möglichkeit für eine stimmige Fortsetzung? Wo könnte es etwas geben, was jetzt noch nicht da ist, was jedoch zukünftig in hilfreicher Weise ins Prozessgeschehen hineinwirken kann?

2 Potenzial

Darf ich Sie mitnehmen, auf eine Reise zu einem fremden Planeten? Stellen wir uns vor, wir verlassen unsere gewohnte Umgebung auf einem Raumschiff. Wir steigen auf und blicken hinab auf die Erde - dort sehen wir, klar umgrenzt, die Kontinente und die Ozeane. An den Kappen sehen wir die Pole, weiß bedeckt. Alles, was wir sehen, ist gegliedert und unterscheidbar. Manche Bereiche werden von riesigen (und aus dem Weltall doch ganz klein wirkenden) Wolkenformationen überdeckt. Wir haben als Beobachter unendlich scharfe Augen, und wenn wir ganz genau hinschauen, so sehen wir sogar die chinesische Mauer. Auf der Nachtseite des Planeten erkennen wir fette Lichtkleckse und feingliedrige Perlenketten - überall dort, wo Städte sind, die von den Straßenlampen hell erleuchtet werden. Wir sind Beobachter, die im Modus des logischen Denkens hinabschauen auf unsere Welt. Wie mit einem scharfen Skalpell können wir das, was wir da erblicken, unterscheiden: Hier endet das Festland - da beginnt das Meer. Hier ist der Rand der Erde - da beginnt das Weltall. Die Linie der Erdoberfläche trennt beide Seiten blau-schwarz sauber voneinander ab.

Wir fliegen weiter, hinaus in den Weltraum. Auf magische Weise entfernen wir uns nicht nur räumlich von der Erde, sondern auch unser Denken verändert sich. Wir werden unterwegs zu Prozessdenkern. Wir erreichen einen neuen Planeten.

Zunächst einmal fällt uns auf, dass dieser Planet nicht so klar unterscheidbar ist von seiner Umgebung, wie es die Erde war. Die blau-schwarze Linie, die wir noch von der Erde im Sinn haben, existiert hier nicht. Alles ist irgendwie „verwischt". Als Prozessdenker sind wir dessen gewahr, dass da ein ständiges In- und Miteinander von Weltall-Umgebung und Planeten-Kern ist. Die Prozesse dieses Planeten hören nicht plötzlich auf, nur weil sie (räumlich) an dessen Rand gelangen. Wir ahnen einen Übergang, ja gar eine innige Verbundenheit, die wir nicht so richtig greifen können. Es sind eben keine unterscheidbaren Teilchen zu sehen, die vom Planeten ins Weltall hinaus fliegen und zurück.

Wären wir logische Beobachterinnen und Beobachter, so wäre es uns möglich, solche Teilchen auszumachen. Als Prozessdenkende jedoch fällt es uns schwer, zu bestimmen, wo der Planet aufhört und wo seine weltallhafte Umwelt beginnt. Beides scheint ein ganzheitliches Fließen zu sein, mit bestimmten „Verdichtungen" zwar, aber ohne einen festen Rand.

Als nächstes fällt uns auf, dass in diesem Wabern, das sich da ineinander schlängelt, verschiedene Farben existieren. Weiße Schlieren und rote Schlieren werden ahnbar, sie sind wie bisher unsichtbare, lebendige Kräfte, die „zwischen den Zeilen" wirken. Sie fallen uns nun ganz deutlich auf. Ihr Zusammenspiel ist wie ein Tanz[6]. Wie Tangotänzer locken sie sich, fordern einander heraus, lassen sich Raum, necken sich, fliehen, konfrontieren sich

---

[6]Danke an Sonja Schell für die Metapher!

24

mit aller Härte. Und sobald wir versuchen (als die logischen Beobachter, die wir immer noch ein bisschen sind), die Schlieren sauber voneinander zu trennen, so zerrinnen sie uns zwischen den Fingern. Sie werden wieder zu einem großen, untrennbaren Ganzen.

Das, was sich da ereignet, sind Prozesse in ihrem Vollzug. Sie sind ihrem Wesen nach zutiefst lebendig. Sie sind in letzter Instanz nicht planbar, und damit in gewisser Hinsicht auch nicht zu kontrollieren. Kalil Gibran schrieb einmal, Kinder seien die Söhne und Töchter der Sehnsucht das Lebens nach sich selbst[7]. So ähnlich ist das auch mit Prozessen. Sie haben eine ihnen innewohnende Tendenz, ihre eigene Fortsetzung zu implizieren. Sie bekommen ihre eigenen Kinder. Die sind den früheren Versionen ihrer selbst ähnlich, aber dennoch nicht mehr ganz die selben, je weiter die Dynamik voranschreitet.[8]

Lebensprozesse haben kein richtiges Ende. Selbst beim Tod eines Menschen setzt sich irgend etwas von ihnen fort. Seine Kinder leben weiter, sein Haus wird von neuen Menschen bewohnt, seine Werke werden noch eine Weile gelesen. An seine Liebe erinnert man sich gerne. Und selbst seine Destruktivität hat ihre Folgen in der Nachwelt. Es gibt kein vollständiges Ende, es gibt nur den Wandel.

Gendlin bezeichnet die den Prozessen innewohnende, lebendige Kraft als „Vorantragen" (im englischen Original: „carrying forward"). Dies bedeutet: Das, was tatsächlich geschieht, impliziert seine ei-

---

[7]vgl. Gibran, 2010, S. 23

[8]Ähnliche, weniger poetisch ausgedrückte Vorstellungen finden wir z.B. bei Jürgen Kriz (1997, 1999) und auch bei Carl Rogers. Kriz spricht von formativen Tendenzen, Rogers von der Aktualisierungstendenz (vgl. Rogers, 2004).

gene Fortsetzung. Prozesse *wollen* weiterleben, sie streben ganz aus sich selbst heraus danach, vorangetragen zu werden. Was von und in einem Prozess impliziert ist, kann geschehen. Das bedeutet aber nicht, dass es zwangsläufig auch geschehen wird. Im logischen Denken würden wir hier das kausale Wörtchen „weil" verwenden. Wir würden sagen: Weil etwas da ist, wird in der Folge das Nächste geschehen. Im Prozessdenken hingegen sprechen wir eher von einem Potenzial - das nächste Geschehen wird *möglich*, es *darf*, es *kann* sich ereignen.

Prozessdenken ist kein mechanisches Denken. Das Potenzial für das, was als nächstes geschehen kann, liegt bereits in dem, was gerade geschieht. Implizieren ist auch jetziges Geschehen. Implizieren und Geschehen sind, so gesehen, als ein Ganzes zu verstehen. Wie die roten und weißen Schlieren auf unserem Planeten greifen sie ineinander. Sie sind gewissermaßen ein und dasselbe, obwohl sie es doch nicht sind. Sie sind im Gewirr des Planeten, den wir als Prozessdenker besuchen, so innig ineinander verschlungen, dass sich die Farben immer leicht verwischen. Man kann im Prozessdenken eben nicht ein einzelnes, von allem anderen unabhängiges Detail ausmachen, so wie die chinesische Mauer auf dem Planeten Erde. Das Potenzial für die eigene Fortsetzung ist schon von jedem gegenwärtigen Geschehen impliziert: Völligen Stillstand gibt es nie.

Kehren wir noch einmal gedanklich zurück zu unserem Raumschiff, das zum Planeten Prozess unterwegs war. Wir haben jetzt schon eine ganze Weile das Gewabere aus roten und weißen Schlieren beobachtet. Es hat uns regelrecht hypnotisiert. Wir werden innerlich ganz ruhig. Wir bemerken einen gewissen Frieden, der sich *angenehm* in uns ausbreitet. Während wir uns dessen gewahr werden, bemerken wir, dass sich mit unserem friedlichen Erleben auch das Gewabere verändert. Zunächst trauen wir dieser Wahrnehmung nicht, aber nach einer Weile kommt es uns doch ganz deutlich so vor: Ja, die roten Schlieren gleiten über ins Rosarote und das, was weiß war, beginnt in einem seidigen Glanz ganz sanft zu leuchten. Diese Änderung scheint etwas mit dem angenehmen Empfinden zu tun zu haben, das wir in uns selbst spüren. Wir erkennen: *Der Planet und wir selbst resonieren miteinander!* Wir sind verwundert: *Kann das überhaupt sein?* Mit der Verwunderung kommt zugleich eine neue Farbe auf: Grün. Und plötzlich wird uns klar: *Ja, das dort, das dort draußen... das... bin ja ich!* Wir sind von dieser Entdeckung derartig überrascht, dass wir plötzlich ganz aufgeregt sind. Unser Herz beginnt wild zu schlagen, und mit der Aufregung ändern sich auch wieder die Schlieren - das Grüne wird tiefblau und scheint jetzt vor Kraft nur so zu strotzen. Das Blaue ruft laut aus: *Ich bin selbst Prozess!*

Es wird also deutlich: Die Metapher des Raumschiffs ist eigentlich mißverständlich. Sie suggeriert, es gäbe etwas Eigenständiges zu beobachten, was vollkommen unabhängig ist. Im Prozessdenken gibt es aber gar keinen neutralen Beobachter. Jeder Beobachter ist, prozesshaft gedacht, selbst schon Bestandteil des größeren, flirrenden Ganzen. Die Art seiner Beobachtung macht einen relevanten Unterschied in dem, was er erkennt und wie er es erkennt. Auch das Beobachten ist ein Prozess.

Dieser Beobachtungsprozess hat eine gewisse Ähnlichkeit mit einer Liebesbeziehung. Wir sind in der Beziehung. Sie ändert sich von Tag zu Tag - je nachdem, was gerade geschieht. Die nächsten Schritte, die wir in der Beziehung tun, kommen aus der Beziehung. Wie wir über die Beziehung denken, kommt aus ihr. Was sie uns ermöglicht, kommt auch aus ihr. Wenn wir uns frisch verlieben und mit jemanden zusammenkommen, haben wir nicht eine Beziehung erworben, wie eine Sache, die wir fortan unabhängig von uns selbst besitzen und definieren können. Wir sind Prozess, so wie wir Beziehung sind. Wir kommen nicht heraus. Wir sind in der Liebesbeziehung und sind zugleich selbst die Beziehung.[9]

Prozess zu sein heißt, in Beziehung zu sein mit ganz Vielem. Ein freundlicher, wohlwollender Mensch erlebt die Prozesse, die er ist und in denen er ist, ganz anders, als ein kritischer Mensch, der seiner vernichtenden Skepsis freien Lauf lässt. Seien wir uns dessen bewusst, wie wir in Prozessen leben und an ihnen teilhaben. Entwickeln wir ein Bewusstsein dafür, wie wir selbst die Prozesse sind.

Vielleicht macht Ihnen Vorstellung eines tiefen Eingebundenseins in Prozesse Angst. Wenn die Angst sprechen könnte, so würde sie vielleicht laut ausrufen: Oh Gott, ich bin in den Prozessen gefangen. Ich komme da nie wieder heraus! Das stimmt, würde ich dann antworten. Und: Wir können den Spieß auch umdrehen. Wir können das Ungewisse genießen, das in all dem liegt. Und auch die Kraft. Erlauben wir uns, aus diesem Ungewissen - gewissermaßen direkt aus dem Gewabere heraus - zu leben und zu denken. Leben wir von diesem zutiefst

---

[9]Danke an Donata Schoeller für die Metapher!

lebendigen Ort her, an dem wir in Beziehung sind und seien wir offen für das, was dort entstehen kann. Gestalten wir Beziehung aktiv aus der Mitte unserer Lebendigkeit heraus, so wie Beziehung auch uns gestaltet.

In der alltagspraktischen Anwendung dieses Gedankens geht es vor allem darum, den Impulsen, die in den Prozessen liegen, Raum zu geben, so dass sich unsere Lebenskräfte in ihrer eigenen Geschwindigkeit, in ihrer eigenen Zeit und gemäß ihrer eigenen Richtung entwickeln können. Dabei haben alle Impulse gleichermaßen ihre Berechtigung - die des Therapeuten genauso, wie die der Klientin, die der Chefin so, wie die des Angestellten. Führen ist genauso möglich, wie folgen, gemeinsam planen genauso, wie allein entscheiden. Wichtig ist allein die ganzheitliche Stimmigkeit in der konkreten Situation.

Hüten wir uns dabei vor der Vorstellung, logisches Denken sei schlecht und Prozessdenken sei gut, oder umgekehrt. Es sind einfach zwei verschiedene Modi, und beide Denkweisen können einander ergänzen. So, wie die roten und die weißen Schlieren des Planeten ineinandergreifen, können auch Prozessdenken und logisches Denken einander wechselseitig befruchten. Die große Stärke des logischen Denkens ist es, dass wir mit seiner Hilfe technische Geräte entwickeln können. Flugzeuge fliegen. Sie stürzen nicht ab - dank des logischen Denkens. Und der Computer, auf dem ich diese Zeilen eintippe, gibt die Buchstaben verlässlich auf dem Bildschirm wieder.

Bei Bedarf können wir also wieder jederzeit zurückschalten auf logisches Denken. Wie mit einem

Fingerschnippen können wir zwischen beidem hin- und herwechseln. So tun wir dies auch jetzt. Wir schalten willentlich wieder zurück, auf logisches Denken, und wir erkennen: Der Planet, der da vor uns lag, das war die ganze Zeit über auch die Erde. Als logisch Denkende sehen wir nun wieder die Lichter der Großstädte. Schnipp. Als Prozessdenkende erkennen wir das In- und Miteinander von Implizieren und Geschehen, von Potenzial und Umsetzung, von Möglichkeit und Frucht. Beides spielt immer zusammen, es gibt keine klaren Ränder. Schnipp. Als logisch Denkende erkennen wir die chinesische Mauer und die Schiffe, die auf den Ozeanen unterwegs sind. Schnipp. Als Prozessdenkende ahnen wir, dass wir das Innerste von dem, was wir „dort draußen" beobachten, in uns selbst wiederfinden. Schnipp. Als logisch Denkende entwickeln wir kluge wissenschaftliche Methoden, die uns gedanklich von allem abtrennen, womit wir primär beziehungshaft verbunden sind. Das macht den Blick frei und ermöglicht es uns, systematische Strukturen zu erkennen. Schnipp. Als Prozessdenkende sind wir uns dessen gewahr, dass die Art unseres Denkens, der (freundliche oder kritische) Blick, den wir ausüben, in die Prozesse „hinein geschieht" und dort deren Qualität mitbestimmt. Schnipp. Als logisch Denkende sind wir Naturwissenschaftlerinnen und Techniker, wir imaginieren und planen, wir rechnen und konstruieren. Wir sind froh, dass die Logik „funktioniert", dass die Flugzeuge verlässlich durch die Luft gleiten und nicht plötzlich vom Himmel fallen. Schnipp. Als Prozessdenkende fühlen wir uns in Beziehung mit allem. Wir sind froh, dass da mehr existiert, als das, was allein der Verstand erfassen kann. Wir sind kleine Kinder, die in den Sternenhimmel schauen. Wir dürfen staunen über die Mannigfaltigkeit, die wir in allem ahnen, was da lebt und webt. Wir staunen über die Vielfalt, die da ist und die wir selbst sind.

Zusammenfassung und Prozessreflexion

Prozesse sind beschreibbar als das Miteinander von Implizieren und Geschehen. Beides sind Facetten desselben Prozesses. Jeder einzelne Schritt ist *zugleich* Implizieren und Geschehen. Während im logischen Denken einzelne Schritte kausal aufeinander bezogen sind (wenn-dann), sprechen wir im Prozessdenken eher von einem Potenzial: Etwas, was impliziert ist, *kann* sich ereignen. Die Prozesse, an denen wir teilhaben, sind nie unabhängig von uns selbst: Wir sind selbst Prozess.

- Was ist in einem Prozess impliziert? Was ist potenziell möglich? Was kann als nächstes geschehen? Was „wünscht" sich der Prozess, was „ersehnt" er, worauf „hofft" er?

- Wohin läuft die Dynamik nicht? Was intendiert der Prozess nicht, welche Richtung vermeidet er?

- Auf welche Weise bin ich in einem ganz konkreten Sinne selbst (in) Prozess und bestimme dessen Richtung mit?

3 Vermissen

Nicht immer läuft das Leben glatt und rund. Würden wir in einer perfekten Welt leben, so wären wir, wie mein Focusing-Kollege Martin Schäffner mir einst versichert hat, alle Surfer geworden. Wir würden unser Leben relaxt an irgendeinem Strand verbringen und abends Cocktails trinken. In den seltensten Fällen sind wir jedoch völlig zufrieden mit dem, was ist. Es gibt immer etwas, was besser sein könnte, etwas, was noch optimiert werden kann, etwas, was uns in die Quere kommt oder auch Dinge, die ganz massiv fehlen und die uns in die Verzweiflung treiben. Prozesse sind dann ganz oder teilweise gestoppt. Das gilt nicht nur für das Leben der Menschen, sondern im Grunde genommen für jeden lebendigen Prozess.

Prozesse sind alles andere als perfekt. Wenn ich weiter oben davon spreche, dass das, was impliziert ist, Geschehen möglich macht, so heißt das eben auch, dass die Möglichkeit besteht, dass das, was impliziert ist, *nicht* geschieht. Ein Potenzial birgt immer auch die Möglichkeit, dass alles vollkommen schief gehen kann.[10] Professionelles Arbeiten ist oft eine kontrollierte Gratwanderung zwischen beiden

---

[10]Alle Disziplinen, die prozesshaft arbeiten, sind sich dieser Tatsache mehr oder weniger bewusst. In der Pädagogik beispielsweise sprach Otto Friedrich Bollnow davon, dass jedes pädagogische Geschehen Wagnischarakter hat (vgl. 1984). Auch der Philosoph Heinrich Rombach (vgl. 2012, S. 361) machte deutlich, dass uns nur dann etwas wirklich gelingen kann, wenn jederzeit auch ein Mißlingen möglich ist.

Varianten. Beziehen wir die Möglichkeit des Scheiters in unsere Überlegungen mit ein, so ergeben sich interessante neue Perspektiven auf das, was gegeben ist.

Im logischen Denken würden wir die Dinge, die gegeben sind, einfach als Objekte bezeichnen. Jedes Objekt bewegt sich mit der Zeit. Es wandert von Position zu Position und braucht dafür so und so lange. Ein Zug, der von Berlin nach München fährt, braucht dafür etwa viereinhalb Stunden - wenn alles gut geht. Die klassischen Naturgesetze, die der Forscher Isaac Newton schon vor mehreren hundert Jahren formulierte, geben uns über derartige Objektbewegungen präzise Auskunft. Objekte sind im logischen Denken fest umrissene Dinge mit einem Gewicht - so, wie auch der Apfel, der sprichwörtlich auf Newtons Kopf hinabsauste. Die Objekte des logischen Denkens haben eine bestimmte Ausdehnung, eine Geschwindigkeit und eine Richtung. Sie können auch mit anderen Objekten zusammenstoßen: In unserem Beispiel tritt das Apfelobjekt mit dem Kopfobjekt des schlafenden Forschers in eine folgenreiche Wechselwirkung. Beim Zug hingegen passiert dies (hoffentlich) nicht.

Ein Objekt ist im Prozessdenken völlig anders definiert. Besser gesagt: Eigentlich ist es gar nicht richtig definierbar. Objekte existieren als solche erst einmal gar nicht. So lange ein Prozess läuft, läuft er einfach. Es ist gar nicht notwendig, sich über Objekte Gedanken zu machen. Im Gewabere des Planeten Prozess gibt es zunächst nichts Festes.[11] Objekte

---

[11]Ähnlich formuliert das die Quantenphysik, die davon ausgeht, dass es Materie als solche nicht gibt, sondern nur das „Dazwischen" (vgl. Gendlin & Lemke, 1983).

zeigen sich nur dann, wenn irgendetwas hakt, wenn es nicht so weitergeht, wie es von der Prozessdynamik (vom Implizieren) her intendiert war. Objekte erscheinen nur als *Lücke* im Kontinuum. Sie sind die Leerstelle, das ... , sie sind das, was wir vermissen. Sie sind das, was eigentlich nötig wäre, damit der Prozess sich auf gute Weise fortsetzen könnte. Nehmen wir an, unser Zug von Berlin nach München hat ab Erfurt eine starke Verspätung. Prozesshaft gedacht ist hier nicht der Zug das eigentliche Objekt, sondern z.B. die Bahnarbeiter, die im Falle der Verspätung in der Lage wären, die Gleisstörung aufzuheben. Oder der Kaffee, den wir benötigen, um die Wartezeit zu überbrücken. Oder das Taxi, das uns die restliche Strecke chauffiert.

Objekte sind im Prozessdenken etwas Inverses: Wir ahnen sie nur dann, wenn sie noch nicht oder nicht mehr da sind. Hier finden wir einen weiteren markanten Unterschied zum logischen Denken. Lassen Sie mich diesen Gegensatz ein bisschen ausmalen mit einer kleinen Geschichte. Stellen wir uns vor, ein Frosch sitzt an einem Teich. Dieser Frosch liebt Fliegen - er schnappt danach und frisst sie. So weit, so gut. Stellen wir uns weiterhin vor, neben ihm sitzt ein kleiner Frosch, der sich gerade erst aus einer Kaulquappe entwickelt hat, und beide haben genügend Fliegen um sich. Für den kleinen Frosch war das immer so. Jederzeit war es ihm möglich, seinen Hunger zu stillen. Für diesen jungen Frosch gab es in seinem kurzen Leben keinen Zeitpunkt, an dem die Fliegen nicht vorhanden waren. Ein solch zufriedener Frosch wird die Fliegen als solche nicht in der gleichen Weise kennen, wie der große. Sie sind einfach schon immer ein Bestandteil seiner Lebensprozesse. Für den großen Frosch freilich liegt die Sache anders. Es gab einst eine Zeit, in der eine große Trockenheit über die Teichlandschaft hereinbrach. Die Fliegen konnten in dieser veränderten Umwelt nicht überleben, sie verschwanden. Für den erwachsenen Frosch wurden sie erstmals zum Objekt. Logisch gedacht sind die Fliegen einfach Fliegen - kleine Körper, die im dreidimensionalen Raum umherschwirren. Prozesshaft gedacht sind die Fliegen für den jungen Frosch keine Objekte, für den alten Frosch, der die Hungersnot überlebt hat, sehr wohl.

Viele Beispiele aus dem Alltagsleben zeigen dieses Phänomen:

- Ich habe in einem Seminar, das ich leitete, einmal sehr gestaunt, als Studierende ein Referat über die Geschichte der Kommunikation hielten. Sie schilderten die historische Abfolge der Kommunikationsmittel. Darin kamen die Höhlenmalereien der Urmenschen genauso vor, wie die ersten Postkutschen und das Telefon. Am Ende wurden die sozialen Medien als Kommunikationsmittel beschrieben. Was mich erstaunte, war nicht der Inhalt, sondern die Selbstverständlichkeit, mit der die Studierenden darüber redeten. Mir wurde plötzlich klar: Sie hatten in ihrem Leben (bewusst) keine Zeit miterlebt, in der es keine soziale Medien gab. Sie sprachen in einem Tonfall der Normalität darüber, so als seien Facebook und Co das Selbstverständlichste der Welt. Für mich, als „alter Frosch", der in einer Zeit aufgewachsen ist, in der es noch richtig teuer war, mit einem Rechner online zu sein, ist das gefühlsmäßig nicht nachvollziehbar. Für mich sind die sozialen Medien mehr Objekt, als für die Studierenden.

- Viele von uns wissen auch, wie es ist, wenn man auf Reisen einmal kein „Netz" hat. Das Handy ist ohne Empfang und wir fühlen uns regelrecht abgeschnitten. Das „Netz" ist, prozesshaft gedacht, ein Objekt, dass uns erst so richtig bewusst wird, wenn es ausfällt.[12]

- Auch Abläufe in Unternehmen laufen „rund", so lange alle ihre Aufgabe erfüllen. Manchmal merkt man erst, was ein Mitarbeiter wirklich vollbracht hat, wenn er pensioniert wurde und plötzlich drei Personen seine Arbeit machen. Dadurch, dass er seine Arbeit jederzeit zur Zufriedenheit aller leistete, ist er nie so richtig in Erscheinung getreten. Erst durch sein Fehlen wird er den anderen zum Objekt.

- Viele von uns kennen vermutlich auch die Erfahrung, sich erst nach dem Ende einer Liebesbeziehung dessen bewusst zu werden, was einem ein bestimmter, ganz besonderer Mensch bedeutet hat. Leider sind solche Momente sehr schmerzhaft. Das, was wir vermissen, ist dann der fühlbare Abdruck, den der Kontakt in uns hinterlässt: Eine leise nach dem anderen rufende Offenheit, eine tiefe Sehnsucht, die das Unabgeschlossene hervorhebt.

- Und zugleich kann eine ganz ähnliche Erfahrung auch am Anfang einer Beziehung stehen. Stellen wir uns vor, da ist ein Mensch, den

---

[12]Danke an Detlef Grabbe für das Beispiel!

wir begehren. Und da sind auch noch andere Männer oder Frauen, mit denen dieser Mensch innigen Kontakt hat. Es besteht also die Möglichkeit, dass er sich *nicht* für uns entscheidet. Stellen wir uns weiterhin vor, der begehrte Mensch verbringt ein Wochenende mit einem dieser anderen potenziellen Partner. Er erzählt uns davon und wir spüren intuitiv: Dieses Treffen war zwar rein freundschaftlich, aber doch auch nicht ganz ohne erotische Spannung. Die Eifersucht, die wir daraufhin erleben, lässt den begehrten Menschen plötzlich in klareren Konturen aufscheinen. Wir spüren: Es könnte sein, dass das Vermissen schrecklich und unaushaltbar wird. Und wir werden selbst völlig klar in dem, was wir wollen.

* Wie eklatant *anders* Objekte im Prozessdenken definiert sind, wird deutlich, wenn wir uns vergegenwärtigen, dass uns z.B. in extrem stressigen Lebenssituationen auch der (fehlende) Freiraum zum Objekt werden kann. Wir vermissen dann die Ruhe, die Entspanntheit, die innere Verbundenheit, und der Sinn, der in allen Dingen liegt, die wir tun. Das Objekt „Ruhe" hat, im Gegensatz zu den Objekten des logischen Denkens, dann selbst gar keine Ausdehnung, kein Gewicht usw. mehr. Vermissen können wir sie dennoch, als ein Objekt, das vom Stressprozess her heftigst impliziert wird.

Vermissen ist ein Implizieren ohne Geschehen, es ist ein Implizieren, das (noch) nicht voranträgt. Dies gilt für Frösche genauso, wie für uns Menschen. Manchmal ist dieses unerfüllte Implizieren schmerzhaft, manchmal auch aufregend und kribbelig. Wir brauchen beide Erfahrungen. Ein Vermissen, das uns aus dem grünen Bereich herauslockt, zeigt uns, wohin wir uns entwickeln können. Es bringt uns aus der Komfortzone, macht uns Lust, Neues und Ungewohntes auszuprobieren. Ein Vermissen hingegen, das uns aus dem roten Bereich entgegen schreit, zeigt uns, welche Grenzen wir setzen müssen. Es ruft „So geht es nicht" und impliziert ein klares Stopp! Optimal ist ein Vermissen, das irgendwo zwischen grün und rot liegt - diese Wachstumszone ist nicht (mehr) ganz komfortabel, aber auch (noch) nicht völlig unaushaltbar[13]. Folgen wir dieser Spur, so werden wir paradoxerweise nie ins Rote gelangen, sondern wandern in unserer eigenen Geschwindigkeit immer weiter in einen tiefgrünen Bereich hinein.

Es gehört zum Leben dazu, sich aus den Bezügen zu lösen, in denen wir aufwachsen, eigene Entscheidungen zu treffen, hinauszugehen in die Welt und bewusst auch den Mangel als Herausforderung zu sehen. Wir werden sozusagen indirekt um so reicher, je mehr wir im Laufe unseres Lebens auch vermissen dürfen. Was immer und jederzeit da ist, kann uns nie zum Objekt werden. Nur, was uns ab und an fehlt, lässt uns über uns hinaus wachsen. Der Surfer am Strand, der Abend für Abend zufrieden seine Cocktails schlürft, der perfekte Mensch, dem es an nichts fehlt, kann uns „Normalos" um

---

[13]Einen ähnlichen Gedanken formuliert Lew Semjonowitsch Wygotski schon in den 1930er Jahren. Er sprach davon, dass Pädagoginnen und Pädagogen sich in ihrer konkreten Arbeit immer auf die *nächste* mögliche Entwicklungszone beziehen können, statt nur auf das, was aktuell gegeben ist (vgl. Keiler, 2002). In gewisser Weise war Wygotski ein früher pädagogischer Prozessdenker.

dieses Potenzial für Veränderung wirklich beneiden.
Ich vermute, dass er das Vermissen regelrecht vermissen würde.

Zusammenfassung und Prozessreflexion

Ein prozesshaft gedachtes Objekt ist das, was nötig
wäre, damit ein Prozess sich fortsetzen kann. Es ist
nur dann als Objekt überhaupt erkennbar, wenn es
fehlt. Jedes Fehlen ist zugleich ein Potenzial für eine
Alternative, für eine (vielleicht bessere) Fortsetzung
des Prozesses. Es ist ein Wegweiser. Als unerfüllte
Sehnsucht trägt jeder gestoppte Prozess bereits das
Potenzial für seine eigene Vollendung in sich: Sie
gibt dem Leben Richtung.[14]

- An welcher Stelle „hakt" ein bestimmter Prozess? Wo geht es nicht weiter? Was kann gerade so noch geschehen? Was vermisse ich am
  meisten?

- Was *genau* wäre das Objekt (der Mensch, der
  Gegenstand, der Schlüssel, die Ressource, die
  situative Gegebenheit, der treffende Satz, die
  Geste, das Zauberwort, ...), das den Prozess
  optimal fortsetzen könnte? Gab es dieses Objekt in der Vergangenheit schon einmal (und
  wurde es weggenommen) oder ist es eher eine Art von „Phantasieobjekt", dessen Umrisse
  zwar intuitiv erahnbar sind, das jedoch bisher
  als solches noch nie existiert hat? Wie könnte
  das Objekt, das den gestoppten Prozess fortsetzt, gefunden, aktiviert oder erschaffen werden?

---

[14]Danke an Andrea Zumbrägel für diesen Gedanken und an An-
dreas Strobl für die Formulierung!

- Stellen wir uns vor, es wäre über Nacht ein Wunder geschehen, und das Objekt, das den Prozess stimmig fortsetzt, wäre auf magische Weise bereits da. Wir wissen nicht, wie. Aber stellen wir uns vor, es würde seinen Zauber vollbringen und *wirken*. Von welchem Lebensgefühl wäre seine Wirkung begleitet? Wie würden Sie bestimmten Menschen von nun an begegnen? Welche Körperhaltung würden Sie einnehmen? Welche Sätze steigen in Ihnen auf, was würden Sie sagen?

4 Eigenzeit

Erlauben wir uns, ein bisschen zu träumen. Ich möchte Ihnen meine ganz persönliche Vision eines stimmigen Berufslebens vorstellen. Sie können meine Gedanken während des Lesens innerlich daraufhin überprüfen, was für Sie und für Ihre Arbeitssituation passt - und was nicht. Ich vermute, dass Sie meine Vision nicht eins zu eins für sich selbst übernehmen möchten. Vielleicht ergibt sich an der ein oder anderen Stelle ein deutlicher Widerspruch. Wenn das geschieht, dann ist das wunderbar: So erhalten Sie die Gelegenheit, für sich selbst einen Kontrast auszuformulieren, der Ihre persönlichen Bedürfnisse besser auf den Punkt bringt. Achten Sie besonders darauf, sich nicht in einem „das geht aber nicht" zu verheddern. Echte Visionen dürfen völlig frei formuliert werden, ohne Rücksicht darauf, ob sie in der Realität tatsächlich umsetzbar sind.

Das ist für mich gutes Arbeiten: Ich und meine Mitmenschen (Kolleginnen und Kollegen, Studentinnen und Studenten, Klientinnen und Klienten) gehen mit Lust, mit einer von innen her fühlbaren Motivation, mit einem deutlichen Erleben von innerer Notwendigkeit an das, was wir tun. Wir verfolgen einzeln, aber auch gemeinsam Projekte, die uns ein persönliches Anliegen sind (z.B. die Entwicklung einer Website, ein Studium, ein Buchprojekt, das Finden von Lösungen bei persönlichen Problemen,

...). Wir haben dabei selbst die Verantwortung dafür, unser Handeln so auszugestalten, wie es uns am sinnvollsten erscheint, nach bestem Wissen und Gewissen. Jeder von uns kann weitgehend autonom darüber bestimmen, wann und wie wir arbeiten. Wir stimmen uns jedoch miteinander und mit den Menschen, die unsere Arbeit sonst noch angeht, feingliedrig ab. Wir nutzen moderne Kommunikationsmöglichkeiten (Videokonferenzen, eMail usw.) genauso, wie wir uns in persönlichen Treffen begegnen - je nachdem, was gerade angemessen ist. Wir können uns aufeinander verlassen und bleiben zugleich in einem großen Ausmaß frei, nicht nur in der inhaltlichen, sondern auch in der zeitlichen Gestaltung unserer Arbeitsrhythmen. Dies ist mein Verständnis von Autonomie im Arbeitsleben.

Was heißt das ganz konkret? Nehmen wir einmal an, an einem Tag möchte ich den Vormittag am liebsten damit verbringen, schwimmen zu gehen und mich danach mit Freunden zu einem opulenten Frühstück zu treffen. Es ist ganz selbstverständlich, dass dies möglich ist, auch an einem Montagmorgen - ich habe kein schlechtes Gewissen, weil ich an diesem Vormittag „nichts" tue. Wenn ich dann nachmittags mit Coachingklienten arbeite, fühle ich mich ausgeruht und wach. An einem anderen Tag möchte ich bereits um sechs Uhr früh am Computer sitzen, um Satz für Satz in die Tastatur zu tippen. Wenn ich ab und an aus dem Fenster blicke, schaue ich zu, wie vor mir die Sonne aufgeht. Immer neue Worte kommen mir in den Sinn, die ich schriftlich festhalte. Ich bin dabei getragen von einem sanften inneren Glühen und folge dessen Richtung so, dass ich den ganzen Tag lang mühelos durcharbeiten kann, wenn ich kurze Pausen mache. Auch dies ist möglich, ich kann das Produktivitätsgefühl genießen, während meine Ideen nach und nach immer konkretere Formen annehmen. Und an weiteren Tagen komme ich, so wie jede Woche, zu fest vereinbarten Zeiten in einen fest vereinbarten Raum der Universität, um mit Studentinnen und Studenten über psychologische Themen nachzudenken. Auch feste definierte Abmachungen, Deadlines und zeitliche Rahmenstrukturen gehören für mich zu einem guten Arbeitsleben dazu. Wichtig ist mir die Stimmigkeit im Ganzen - die Arbeit steht für mich nicht über allem, sondern sie verzahnt sich in ihrer Priorität gleichwertig mit allen anderen Lebensbereichen.

Rein logisches Denken verhindert derart flexibel aufeinander abgestimmte Arbeits- und Lebensprozesse systematisch. Raum und Zeit sind hier genauso fest definierte Größen, wie Arbeitszeit und Freizeit. Unsere raumzeitlichen Arbeitsstrukturen schreiben uns dann oftmals in einem sehr großen Ausmaß den Arbeitsort, den Takt und die Intervalle vor, an denen wir uns alle orientieren (müssen). Ob es dabei für unsere Bedürfnisse, für die Eigendynamik der Projekte und für unsere Arbeitspartner zu einer produktiven Passung kommt, ist weitgehend irrelevant. Dass ein typischer Job „from nine to five" unsere Eigenrhythmen massiv erschweren kann, ist uns allen wohl bekannt. Viel spannender ist jedoch die Frage, warum die Möglichkeit, Montag morgens auch mal schwimmen gehen zu können, für gutes Arbeiten so wichtig ist. Der Zusammenhang von Körper, Zeit und Produktivität ist nicht sofort ersichtlich; um ihn zu verdeutlichen, möchte ich ein wenig ausholen. Lassen Sie uns darüber nachdenken, was Zeit einem Prozessverständnis nach eigentlich ist.

Zeit im *logischen* Denken ist das, was auf dem Zeitstrahl abgetragen wird. Sechzig Sekunden sind eine Minute, sechzig Minuten eine Stunde, und so fort. Die Abstände sind immer gleich. Zeit im Prozessdenken hingegen ist nichts, was unabhängig vom Körper und dessen natürlichen Rhythmen gedacht werden kann. Wie ich eingangs bereits geschildert habe, beginnt das Denken in Prozessen *immer* im Körper. Dies gilt auch für so etwas „Getaktetes" wie Arbeitsprozesse - so abwegig dieser Gedanke zunächst auch erscheint. Rein logisch gedacht ist unser Körper auf eine sehr komplexe Weise zusammengesetzt aus „Einzelteilen", die der Abnutzung unterliegen. Wenn eines verschleißt (z.B. das kaputte Hüftgelenk), so wird es ausgetauscht. Genauso sind Arbeitsprozesse, wenn man sie rein logisch zu denken versucht, zusammengesetzt aus menschlichen „Einzelarbeitern", die streng choreografiert zusammenwirken. In vielen „standardisierten" Arbeitskontexten ist dies tatsächlich notwendig, wenn wir Abläufe effizient und gewinnbringend gestalten wollen. Wird einer dieser Arbeiter krank oder geht in Rente, so wird er ausgetauscht.

Prozesshaft gedacht ist jedoch sowohl der Körper, als auch das System (die Arbeitsgruppe, die Firma, das Institut, ...) ein komplexes Ineinanderwirken von feinen und feinsten Subprozessen, die ihre eigenen Zeiten, ja ihre ganz spezifischen *Eigenzeiten* hervorbringen. Mit den Eigenzeiten kommen auch die Eigenarten: Es kommt eben darauf an, dass genau *diese* Mitarbeiterin die Sache macht und es ist nicht beliebig, wer sie erledigt. Arbeitsabläufe, Beziehungen und Produkte bekommen eine individuelle Ausprägung, einen unverwechselbaren Fingerabdruck. Das Gewähren von Eigenzeit bietet den notwendigen Rahmen, damit konstruktive Eigenarten entstehen, die zur Ressource werden können.

Wie nun generiert sich die erlebte Eigenzeit von Prozessen aus dem Zusammenspiel von Implizieren und Geschehen? Vergegenwärtigen wir uns, um uns einer Antwort auf diese Frage anzunähern, noch einmal, wie der Körper prozesshaft gedacht werden kann. Weiter oben habe ich bereits verdeutlicht, dass man im Voranschreiten eines Prozesses die Grenze von Körper und Umwelt nicht klar definieren kann (Kapitel 1). Auf Arbeitskontexte übertragen heißt das, dass Menschen in ihren Arbeitsprozessen miteinander verwoben sind. Sie sind füreinander jeweils wechselseitig Umwelt. Es lässt sich nicht klar sagen, wo der Einfluss der einen beginnt und der der anderen aufhört. In den geschehenden Schritten gehen die einzelnen Einflüsse fließend ineinander über - wie die roten und weißen Schlieren des fremden Planeten (Kapitel 2). Es gibt auch im Arbeitsleben nichts absolut Eigenständiges, was nicht eingebettet wäre in Prozesszusammenhänge.

Auch die „kleinteiligeren" Subprozesse, die wir (logisch gedacht) innerhalb der Hautgrenze des Körpers lokalisieren, sind ein komplex verwobenes In- und Miteinander, das wiederum mit unterschiedlichsten Umweltprozessen auf mannigfaltige Weise zusammenspielt. Dieses feine „Gewirre" aus lebendigen Prozessfäden ist logisch nicht zu entschlüsseln. Wenn wir beispielsweise nach dem Essen körperlich satt sind (Prozess der Nahrungsaufnahme, Verdauung und Ausscheidung), so „kreuzt" sich dieses körperliche Erleben von Sattheit automatisch in unsere kognitiven Funktionen (Prozesse des Denkens, Planens, Schlussfolgerns) mit hinein. Wir denken dann vielleicht auch „satter" über unsere Projekte nach, trauen einander mehr zu, wagen die größeren Würfe. Wenn wir uns einsam fühlen (Prozesse von Sexualität und Bindung), so erscheint uns zum Beispiel ein Kollege, den wir attraktiv finden, in einem sanften, begehrenswerten Licht. Das gemeinsame Projekt kann davon eine besondere, feinfühlige, „liebevolle" Färbung bekommen. Wenn wir ausgeruht und wach sind (Prozess des Schlafens und Wachens), so sind wir vielleicht tatendurstiger und wollen eher „konkrete Fakten schaffen", als wenn wir müde und entspannt über große Zusammenhänge sinnieren.

Den *solitairen* Einzelprozess, der unabhängig von allen anderen Prozessen existiert, gibt es nicht. Die einzelnen Subprozesse stehen in einem umfassenden und feingliedrigen Gewebe stets miteinander in Verbindung. Gendlin spricht von einer Illusion getrennter Prozesse:

> „Der Betrachter könnte vollständig unterschiedliche Stränge getrennter Prozesse formulieren, zum Beispiel verdauende, atmende, reproduzierende etc. Aber weder sind diese durchwegs getrennt noch sind es ihre Subprozesse auf mikroskopischer Ebene."[15]

Alles ist gewissermaßen schon von vornherein von allem anderen mit-durchdrungen. Einzelne Prozesse, ihre Subprozesse und wiederum die Subprozesse dieser Subprozesse hängen als Prozessgewebe von vornherein innig zusammen.

---

[15]Gendlin, 2015, S. 80

Was hat das alles nun mit dem Schwimmengehen zu tun? Der entscheidende Punkt ist der: Ein einzelner Subprozess kann für das Geschehenkönnen eines anderen Subprozesses essenziell notwendig sein, ohne dass wir so recht verstehen, warum. Prozessgewebe sind nicht hierarchisch strukturiert. Das Schwimmengehen kann also *genau* das sein, was *jetzt* notwendig ist, damit sich der stockende Prozess des Buchschreibens stimmig fortsetzen kann.

Der Körper produziert im Vorantragen des Prozessgewebes seine eigene Zeit, seine eigenen Rhythmen, seine eigenen Entwicklungsrichtungen und seine eigenen gestoppten Zustände. Sie bestimmen darüber, wann was wie und mit wem getan werden kann. So kann es, aus irgendeinem Grund, der einem logischen Beobachter keineswegs ersichtlich ist, absolut notwendig sein, dass ein Körper zu einem bestimmten Zeitpunkt z.B. einem Bedürfnis nach Bewegung nachgeht. Dieser Bewegungsprozess ist zugleich verzahnt mit den Denkbewegungen und auch mit Prozessen anderer Personen. Wenn die körperliche Bewegung, die *jetzt* vorrangig hervorgebracht werden möchte, nicht geschieht, so können möglicherweise auch die anderen Prozessfortsetzungen nicht so geschehen, wie es eigentlich notwendig wäre. Wir sind eben auch im Arbeitsleben ganze Menschen und keine kognitiven Arbeitsmaschinen mit redundantem Körperanhang.

Und manchmal ist es genau umgekehrt: Dann muss ein bestimmter Subprozess gestoppt sein, damit sich das große Ganze fortsetzen kann. Dies weiß auch jeder Gärtner. Bestimmte Zweige eines Baums müssen ab und an gestutzt werden, damit der Baum als Ganzes gedeihen kann. Der Stopp im Wachstum dieser speziellen Zweige sorgt dann gesamthaft für neue Möglichkeiten.

Stellen wir noch einmal die beiden Zeitvorstellungen klar gegenüber: Die *Eigenzeit*, in der wir leben, unterscheidet sich von der *logisch* gedachten Zeit, die vom Beobachter gesetzt wird:

- In der logisch gedachten Zeit stehen die Einzelereignisse unverbunden nebeneinander und rücken mit dem Fortlaufen der Zeit von der Zukunft über die Gegenwart gleichmäßig weiter in die Vergangenheit – so, wie der Sekundenzeiger weiterrückt: Tack, Tack, Tack. Es kann in logisch gedachten Zeitstrukturen nichts Neues geschehen. Schöpferisches Handeln kann in dieser linearen Zeitstruktur nicht erklärt werden. Die Abstände auf dem Zeitstrahl sind immer gleich.

- In der prozesshaft gedachten Zeit hingegen gibt es keine unverbundenen Einzelereignisse, sondern ein sich selbst vorantragendes komplexes Prozessgeschehen. Die Abstände auf dem Zeitstrahl sind immer unterschiedlich, je nach Person, Anforderung und Phase. Der Prozess (re-) generiert die Projekte, an denen wir weiterarbeiten. Und er wird auch von ihnen (re-) generiert. Eine solch organisch gedachte Art von Zeit ist unabhängig von der standardisierten Zeiteinteilung auf Uhren. Sie wird von jedem lebendigen Organismus quasi „von innen her" erlebt, als etwas, was sich ständig verändert und weiterentwickelt. Was *war*, wohnt *jetzt* in der Struktur dessen, was *ist*. Und in dem, was *ist*, liegt zugleich schon das Potential für das, was *zukünftig sein könnte*: Zeit ist dehnbar und flexibel, sie fließt und springt.

Prozesshaft gedacht leben wir in den Projekten und die Projekte leben in uns. Organische Zeit mit all ihren unvorhersehbaren Rhythmen, Abbrüchen und „Verschwurbelungen" ergibt sich aus dem Zusammenspiel der menschlichen Subprozesse in Projekten. Wie in Beethovens fünfter Symphonie, in der jeder Satz seine eigene Grundmelodie, seine eigene Länge, eigene Geschwindigkeitswechsel, eigene Lautstärkewechsel, eine ganz eigene Tönung hat, so hat auch jeder Projektabschnitt und jede kleine und kleineste Bewegung darin eine Eigenzeit.

Wir verschwenden unglaublich viel Lebenszeit, Energie und Geld damit, *gegen* die Bedürfnisse anzuarbeiten, die sich aus den Spezifika der organismischen Prozessdynamiken ergeben. Wir denken, dass wir erfolgreich sind, wenn wir unsere Bedürfnisse aufschieben können, um Leistung zu erbringen und möglichst „perfekt" zu funktionieren. Dies stimmt jedoch nur bedingt. Es gilt nur für standardisierte berufliche Settings, die klare Regeln, Ziele und Anforderungen haben.

Bedürfnisaufschub hat in offenen Arbeitswelten, in denen Ziele und Projektverläufe weit weniger statisch vorgeschrieben sind, als noch vor 50 Jahren, tatsächlich weit weniger Relevanz, als bisher angenommen wurde. Dies lässt sich auch empirisch belegen. Die Forschungsgruppe um Tyler Watts versuchte, das berühmte Marshmallow-Experiment von Walter Mischel zu replizieren. Beim originalen Marshmallow-Test[16] wurden Kinder vor

---

[16]vgl. Shoda, Mischel & Peake, 1990

die Aufgabe gestellt, eine Süßigkeit, die vor ihnen lag, liegen zu lassen und zu warten, um später als Belohnung doppelt so viele Süßigkeiten zu bekommen. Bei den Kindern, die diese Wartezeit aushielten (also diejenigen, die ihre Bedürfnisse aufschieben konnten), wurden höhere Korrelationen mit späterem *Erfolg im Leben* gefunden, als bei denen, die sofort zugriffen. Neuere Studien[17] relativieren diese Befunde jedoch stark.

Eine mögliche Interpretation: In der heutigen Zeit kommt es gar nicht so sehr darauf an, seine Bedürfnisse aufschieben zu können, um erfolgreich zu sein. Die Wertschätzung von eigenzeitlichen Prozessdynamiken mag heute mehr an Einfluss gewinnen, als je zuvor. Sie könnte sich gar als der neue, große Erfolgsfaktor herausstellen. Achten, schätzen und suchen wir also eine „organische Taktlosigkeit". Lassen wir die Menschen doch selbst darüber entscheiden, wie viel oder wie wenig zeitliche Strukturierung ihnen und ihrem Handeln gut tut.

Ganz ähnliche Vorstellungen formuliert der österreichische „Verein zur Verzögerung der Zeit" in einem Manifest. Er fordert die *Zeitautonomie* als ein Menschenrecht: „Frei ist der Mensch, der über seine Zeit selbst bestimmen kann. Frei ist die Gesellschaft, die ihren Umgang mit der Zeit in einem gemeinschaftlichen Diskurs aushandeln kann."[18] Die Etablierung einer Kultur des Prozessdenkens in Unternehmen, Schulen und Institutionen wäre ein Weg hin zu mehr Zeitautonomie.

---

[17]vgl. Watts, Duncan & Quan, 2018
[18]vgl. http://www.zeitverein.com/, abgerufen am 06.06.2018

Zusammenfassung und Prozessreflexion

Zeit verläuft im Prozessdenken nicht linear, sondern sie wird aus Prozessrhythmen geboren. Jeder Prozess und jeder Subprozess hat dabei seine individuelle Eigenzeit. Diese Eigenzeiten sind im „großen Ganzen" unentwirrbar verwoben und bringen die konkreten Prozessschritte hervor, indem sich alles-mit-allem auf den jeweils nächsten Schritt hin ausrichtet.

- Wie lässt sich das zeitliche Zusammenspiel innerhalb eines Systems beschreiben – welche Subprozesse laufen und welche sind aktuell gestoppt oder gestört? Welcher spezifische „Fingerabdruck" des Gesamtprozesses ergibt sich aus dieser Konfiguration?

- Welche Subprozesse *müssen* (zumindest zeitweilig) gestoppt sein, damit im Gesamtprozess Schritte überhaupt erst möglich werden? Welcher Subprozess *muss* notwendigerweise geschehen, damit der Gesamtprozess vorangetragen wird? Was brauche *ich*, damit *es* stimmig weiter gehen kann?

- Wie ist es möglich, zu etablierten Zeit- und Raumstrukturen so in Beziehung zu treten, dass sie mir *dienen*? Wie kann ich auf sie Bezug nehmen? Wie ließen sich Zeitstrukturen vereinfachen, öffnen oder flexibilisieren? Welche Menschen könnte ich von so einem Vorhaben überzeugen?

5 Gelingen

Ich laufe morgens durch die Gassen des Nachbarstädtchens. Bin auf dem Weg zum Optiker, um meine Augen vermessen zu lassen. Mit Martina, einer Freundin, spiele ich *Was macht Dein Leben lebenswert*. Dieses Spiel geht so: Wir schreiben einander per WhatsApp, was wir am Leben lebenswert finden, sobald wir es erleben, und setzen ein kleines Hutsymbol dazu. Der Hut ist unser Erkennungszeichen für „lebenswert". Was ich an diesem Morgen denke, ist dies: Hier durch diese Gassen zu laufen, die sommerliche Luft einzuatmen, die Sonnenstrahlen auf den Pflastersteinen anzuschauen. All das macht mein Leben – gerade in diesem Moment – lebenswert. Geschrieben, Hut dazu, abgeschickt.

Dann wird mir bewusst, wie zerbrechlich das alles ist. Wie sehr es darauf beruht, dass wir andere Menschen ausbeuten, die am anderen Ende der Welt leben. Wissen das auch die alten Leute, die mir hier begegnen? Manche laufen mit Rollator oder mit einem Stock durch die Gassen, rufen einander „guten Morgen" zu, wie das halt so ist in einer Kleinstadt, in der jeder jeden kennt. Auch mir kommt ein Mann entgegen, der mir irgendwie bekannt vorkommt, wir grüßen einander und er schaut irritiert auf meine kurzen Hosen.[19]

---

[19]Erst zwei Jahre später, bei der nächsten Kommunalwahl, wird mir bewusst, dass das der Bürgermeister der Kleinstadt war.

Woanders ist Krieg, woanders hungern die Menschen – und hier geht alles seinen gewohnten Gang. Wie immer eben, ganz normal, fast unberührt von den Wirren der Welt. Wie verrückt das eigentlich ist, denke ich, wie fragil. Und niemand merkt es.

Wobei – ich glaube, das stimmt nicht. Jeder merkt es. Auch die Leute dieser Kleinstadt, von denen manche rechtspopulistische Parteien wählen. Gerade die merken es wohl ganz besonders. Ich vermute, diese Menschen wollen sich gegen die Zerbrechlichkeit sperren. Oft wird Zerbrechlichkeit als etwas Negatives gesehen, das man verhindern oder beseitigen muss. In unserer Leistungsgesellschaft hat sie wenig Raum. Könnte ich den Menschen doch nur vermitteln, dass die Zerbrechlichkeit das Kostbarste ist, was wir haben.

Eine unsichere Welt muss uns nicht grundlegend verunsichern. Probleme lassen sich lösen, Konflikte lassen sich klären, unliebsam gestoppte Prozesse müssen nicht für immer und für alle Zeit im Zustand des Stopps verbleiben. Die Menschheit hätte nicht bis heute überlebt, wenn es ihr nicht, gewissermaßen „ganz aus sich selbst heraus", immer wieder gelungen wäre, Krisen zu meistern. Die meisten Lösungen kommen jedoch nicht durch bloße Kraft zu Stande. Nicht Stärke ist es, was uns in einer hochkomplexen Welt weiterhelfen kann, sondern irgendwie ahne ich: Wir sind nur dann sicher und stabil, wenn wir es lernen, uns liebevoll dem innersten Kern unserer Zerbrechlichkeit zuzuwenden. Indem wir das Zerbrechlichste im Zerbrechlichen erkennen und behutsam annehmen, lassen sich Widrigkeiten manchmal regelrecht „umpolen"

– sie können dann zu Ressourcen werden[20]. Die Zerbrechlichkeit ist, so gesehen, unserer größter innerer Schatz.

Nicht nur im Bereich des Menschlichen ist es so, dass es Entwicklungen gibt, die die Dinge zum Guten wenden. Dem Leben selbst wohnt eine Tendenz inne, sich widrige Umstände zu Nutze zu machen, um auf eine frische, veränderte Weise fortzuwirken. Liest man die bisher erforschte Naturgeschichte der letzten dreieinhalb Milliarden Jahre nach, so findet man eine imposante Mischung an Belegen dafür, dass es selbst nach Katastrophen wie massiven Klimaveränderungen oder Meteoriteneinschlägen immer irgendwie weiter ging. Auch ohne den Menschen, der lenkend eingreift, findet das Leben verschlungene Wege, um „sich am eigenen Schopfe empor zu ziehen". Zum Glück geht es manchmal ganz von selbst.

So lässt sich auch das *Fehlen*, von dem im dritten Kapitel die Rede war, immer auf zweierlei Weise deuten: Stopps können schrecklich sein und Stopps können zugleich auch Chancen sein. Wenn ich hier das Wort Chance verwende, dann zögere ich etwas. Denn ich möchte die Dinge nicht schön reden. Natürlich ist es oftmals total *beschissen*, wenn es einfach nicht mehr weiter geht. Ich sage das so deutlich, weil mir bewusst ist, dass ein Scheitern nie *nett* ist. Für die Dinosaurier war der Meteoriteneinschlag, der ihre Lebensform ausgelöscht hat, definitiv keine Chance. Und positives Denken à la carte („Du musst das auch mal anders sehen") hilft uns, wenn wir uns inmitten einer Abwärtsspirale befinden, gerade

---

[20]vgl. Taleb (2013), der in diesem Zusammenhang von „Antifragilität" spricht

eben nicht. Dann sind wir wirklich verzweifelt, dann sehen wir wirklich schwarz. Es kann ja tatsächlich so kommen, dass der Organismus stirbt, dass die Beziehung zerbricht, dass das ehemals funktionale System zerfasert oder zerfällt. Und doch – jeder Stopp trägt immer auch ein Potenzial in sich.

Potenzial ist für mich ein neutraler Begriff. Denn nüchtern betrachtet ist das Vermissen von etwas, was notwendig wäre, damit ein gestoppter Prozess sich fortsetzen kann, einfach das, was es ist: Ein Vermissen. Nicht mehr und nicht weniger. Ein Vermissen kann immer auch ein offener Ausgangspunkt sein, ein Ort der Kreativität, an dem etwas Neues möglich wird, ein Anfang.

Echte Gelingensprozesse sind hochkomplexe Vorgänge, die Zeit brauchen. Das Besondere dabei: Es ist nicht nur der einzelne Organismus, der sich an seine widrige Umwelt anpasst, sondern es ist zugleich auch die Umwelt, die sich in Wechselbeziehung mit dem Organismus verändert. Es ist das *größere Ganze*, das sich Schritt für Schritt in Richtung einer nachhaltigen Stimmigkeit verändert. Oder anders gesagt: Gelingen gelingt selten auf Einbahnstraßen – es erfolgt meist von mehreren Seiten her, als ein langsames wechselseitiges Einpendeln. Dann wirken Umwelt und Organismus Hand in Hand und irgendwann, ohne dass man so recht gemerkt hätte, wo eigentlich der Umschlagpunkt war, ist auf magische Weise alles ein bisschen besser geworden[21]. Das Prinzip, das hier zum Tragen kommt, lautet:

---

[21] Klaus Renn (vgl. 2016) bezeichnet Augenblicke, in denen etwas „wirklich voran geht", metaphorisch als magische Momente der Veränderung. In seinem Buch zeigt er konkrete Möglichkeiten dafür, wie wir diese Momente in Therapie und Beratung entstehen lassen können.

Interaktion zuerst. Die Kraft der Veränderung, die Dinge zum Guten wendet, liegt mehr im kreativen *Zusammenspiel* der einzelnen Akteure, als in den Akteuren selbst.

Noch einmal zögere ich. Würden das die Menschen, die mir in den Gassen des Nachbarstädtchens begegnet sind, verstehen? Mache ich es mir hier nicht zu leicht? Tatsächlich erscheint uns ein Moment, an dem etwas zum ersten Mal so richtig gelingt, als magisch. Aber auch damit ist noch nicht viel gesagt. Was genau ist die Magie der Veränderung, die unser Leben so richtig zum Klingen bringt?

Ich möchte Ihnen auf den folgenden Seiten drei typische Wege der adaptiven, prozesshaften Veränderung zeigen. In allen dreien spielt das Zulassen von Zerbrechlichkeit eine große Rolle. Ich nenne sie „Blättern", „Ausbreiten des Knackses" und „Geschenke des Lebens".

(1) „Blättern"

Den ersten Weg, der zum Gelingen führen kann, bezeichnet Gendlin als die „Sequenz der letzten Stückchen". Ein Organismus vollführt diejenigen Prozessschritte, die sich kurz vor dem Stopp ereignen, immer wieder neu und immer wieder ein bisschen anders. Wie die Blätter an einem Baum haben diese Variationen den gleichen Ursprung, nämlich den Baum. Sie sind alle gleich und doch sind sie auch verschieden. Jedes Blatt ist zwar ein Blatt, hat aber im Detail dennoch eine etwas andere Struktur.

Gestoppte Prozesse „blättern" sich im Buch der potenziellen Möglichkeiten immer weiter voran. Gewissermaßen probieren sie geduldig alle Variationen derselben Sache durch. So kann es geschehen, dass durch das „Blättern" im Kleinen der Gesamt-Prozess im Großen eine neue Andockstelle für seine Fortsetzung findet. Oder anders gesagt: Stopps werden manchmal einfach dadurch überwunden, dass man es nochmal anders versucht. Und nochmal anders, und noch ein drittes, ein zehntes, ein fünfzigstes Mal anders. Früher oder später trifft die Veränderung des Organismus dann auf einen neuen, passenden Umweltaspekt. Der (neue) Schlüssel passt ins (veränderte) Schloss und der Stopp ist aufgehoben. Dann hat sich nicht nur der Organismus verändert, sondern auch die Umwelt bringt etwas Neues ins Spiel – die adaptive Veränderung ist im gesamten System erfolgt.

Die Sequenz aus Versuch-und-Irrtum erzeugt auf diese Weise einen stabilen Rhythmus, der Varianten des (fast) Selben hervorbringt. Achten Sie im folgenden „Blätter"-Beispiel mal darauf, wie in jeder neuen Zeile eine einzelne Kleinigkeit variiert wird. Erkennen Sie jeweils dieses spezielle Detail?

Ta-dada-Ta-dada-Ta-dada-Ta.
Ti-didi-Ti-didi-Ti-didi-Ti.
Te-dede-Te-dede-Te-Dede-te.
Da-tata-Da-tata-Da-tata-Da.
Di-titi-Di-titi-Di-titi-Di.
De-tete-De-tete-De-tete-De.
Da-tata-Da. Da-tata-Da. Ta.
Di-titi-Di. Di-titi-Di. Ti.
De-tete-De. De-tete-De. De.
Ta-dada-Ta. Dada-Ta-dada. Da.
Ti-didi-Ti. Didi-Ti-didi. Di.
Te-dede-Te. Dede-Te-Dede. De.

Tatatata. Dadadada. Ta. Da.

Titititi. Didididi. Ti. Di.

Tetetete. Dededede. Te. De.

Und so weiter.

Früher oder später geht ein neuer Umweltaspekt in Resonanz, antwortet mit seinem eigenen Gegenrhythmus, der perfekt zu einer der Variationen passt: Totototo. Dodododo. *To. Do.* Es ist nur eine Frage der Zeit, der Geduld und der Kontakthäufigkeit zur Umwelt, bis dies geschieht. Der gestoppte Prozess „vertraut" gewissermaßen „von innen her" darauf, dass eine Fortsetzung möglich ist. So lange er am Leben ist, kann er gar nicht anders.

Der Organismus ist während des „Blätterns" sensibler geworden, seine Prozesse können nun ein anderes, neues Objekt integrieren, um sich fortzusetzen. Hier finden wir also die erste Spielart der Zerbrechlichkeit. Wenn sie sprechen könnte, so würde sie vielleicht sagen: *Bleib dran, versuche es immer wieder, immer wieder ein bisschen anders. Mach Dir nichts draus, wenn es nicht gleich klappt. Lass Dich von den Fehlschlägen lenken und leiten. Früher oder später findest Du schon einen Weg.*

Hinzu kommt, dass wir schon im Pulsieren der einzelnen Versuche nach und nach neue Stabilität gewinnen. Wir wissen, dass der Prozess gestoppt ist, ok, ja – aber das muss uns nicht grundsätzlich aus der Bahn werfen. Das Pulsieren, das wir hervorbringen, kann selbst zu einem Prozess werden und dabei sogar richtiggehend Spaß machen. Die Kreativität, die hier zu sprühen beginnt, ist bunter und vielfältiger, als es die alten, noch laufenden Prozesse jemals hätten sein können. Sie hebt sich von den bisherigen Prozessen qualitativ ab.

Bemerken Sie, wie sich im Pulsieren etwas Grundlegendes *gedreht* hat? Die innerste Zerbrechlichkeit des gestoppten Prozesses, aus der die kreativen Variationen wachsen, ist zur Ressource geworden. Sie hat viele Wahlmöglichkeiten erzeugt.

(2) „Das Ausbreiten des Knackses"

Manchmal läuft die gesamte Prozesssequenz auch unter widrigen Bedingungen vollständig ab – aber sie läuft anders ab, als sie das normalerweise tun würde. Wie ein betrunkener Seemann hat sie Schlagseite bekommen und torkelt voran. Die Widrigkeit „kreuzt" sich während dieser Fortsetzung unmittelbar in jeden Einzelschritt der Sequenz mit hinein. Die Schritte laufen dann irgendwie schräg oder verquer oder mit größerer Anstrengung ab – aber immerhin: Sie laufen!

Auch hier finden wir die Zerbrechlichkeit wieder: Der Organismus hat einen Knacks bekommen. Roger Willemsen beschrieb diesen Moment als den „Beginn einer Entwicklung im Fluss der Entwicklungen."[22] Könnte die Zerbrechlichkeit des Knackses sprechen, so würde sie sagen: *Die Dinge sind nicht so, wie Du dachtest. Es ist gut, wenn Du genauer hinschaust. Du musst lernen!*

Wenn uns eine Widrigkeit in einem bestimmten Lebensbereich „anknackst", so breitet sich dieser feine Riss nach und nach überallhin aus und durchdringt irgendwann das ganze Leben. Alles, was wir in der Folge tun, tun wir dann ein wenig anders, als zuvor. Wenn wir zum Beispiel von einem geliebten Menschen verlassen werden, so kann uns dies

---

[22]Willemsen, 2008, S. 21

in eine tiefe Einsamkeit stoßen: „Wer einsam ist, ist einsam in allem. Er singt einsam, kaut einsam, küsst einsam, tanzt einsam, alles strömt Verlassenheit aus wie eine Ruine"[23].

Vielleicht ändert sich in der Einsamkeit jedoch auch unsere Art, wie wir im Beruf unsere Aufgaben wahrnehmen, wie wir mit unseren Freunden umgehen und wie wir nachbarschaftliche Gespräche über den Gartenzaun führen. Wir sind dann nicht mehr dieselben, die wir zuvor waren. Einsamkeit muss nicht unbedingt negativ gesehen werden. Ganz im Gegenteil: Wenn wir nach und nach lernen, sie innerlich anzunehmen und als eine Grundbedingung des Menschseins zu verstehen, die jeder und jede von uns kennt, so verändert sich etwas. Vielleicht werden wir, während wir auf uns selbst gestellt sind, mit den Jahren wacher, sensibler und feinfühliger. Wir nehmen die Dinge nicht mehr für selbstverständlich, sondern schätzen und genießen sie, wenn sie da sind. Das Leben erscheint uns reicher, wir nehmen die Unterschiede und die feinen Nuancen wahr, die uns überall begegnen. Auch hier ist die Zerbrechlichkeit der Weg hin zu Fülle und Reichtum geworden – ihre Bedeutung hat sich gedreht.

(3) Geschenke des Lebens

Bei all dem sollten wir zusätzlich bedenken, dass sich die Dinge manchmal auch von selbst lösen. Diese kleine, schlichte Tatsache ist nicht zu vernachlässigen. Nicht immer ist es der Organismus selbst, der sich abmühen muss. Manchmal haben wir auch

---

[23]ebd., S. 78

einfach Glück. Dann treten von selbst neue Impulse, Möglichkeiten oder Menschen ins Leben, die kleine Unterschiede machen – Unterschiede jedoch, die in der Folge alles in positiver Weise verändern. Dies kann ganz unscheinbar vor sich gehen: Auch kleine Umweltänderungen, die „von außen" kommen, können im Laufe der Zeit magische Wirkungen zeigen.

Wenn wir ganz ehrlich sind, dann ist das Leben voll von derartigen Begebenheiten. Jemand erzählt uns auf einer Party von seiner Ernährung mit Rohkost, wir probieren das einfach mal aus und bemerken, dass wir plötzlich dreimal so viel Energie haben, wie zuvor. Wir erfahren zufällig, während wir den Müll rausbringen, dass die Nachbarwohnung frei wird. Wir ziehen dort ein, sitzen nun täglich mit einer Tasse Kaffee auf dem Balkon und erfreuen uns an der Morgensonne. Oder wir werden ungeplant schwanger, bleiben nach der Geburt für zwei Jahre zu Hause und haben dort die Idee zu einer beruflichen Veränderung, die uns viel mehr erfüllen wird, als der alte Beruf.

Wenn solch äußere, das-Leben-zum-Guten-wendende Ereignisse geschehen, erleben wir dies rückblickend als Geschenk. Auch hier zeigt sich die Zerbrechlichkeit. Diesmal jedoch im Gewand von Herzensweite: Wir müssen schon hinausschauen in die Welt, mit offenem Herzen durchs Leben gehen, um diese besonderen Momente, die Gelegenheiten, die sich uns bieten, wirklich als solche erkennen zu können. Prozesse sind eben nie abgeschlossen, es kann immer auch anders kommen. Manchmal so, wie wir es uns wünschen und oft auch anders, als wir dachten. Könnte diese Variante der Zerbrechlichkeit sprechen, so würde sie sagen: *Erkenne den Moment, mit seinem Leid und seiner Tiefe, seiner menschlichen Nähe und mit all seinen kleinen Aspekten des Glücks – und lass ein Lied daraus entstehen.*

Ich wünsche den Menschen der Kleinstadt, die mir auf dem Weg zum Optiker begegnet sind, sich dessen bewusst zu sein. Zerbrechlich sind wir alle, zerbrechlich ist die Welt, in der wir leben. Lasst uns aufeinander aufpassen und auf die Welt und auch auf die Menschen dort drüben, auf der anderen Seite des Erdballs. Lasst uns unsere Zerbrechlichkeit feiern und mit ihr tanzen, so, wie die Sonnenstrahlen auf den Pflastersteinen tanzen. Wenn uns dies gelingt, so ist unsere innerste Zerbrechlichkeit zugleich unsere größte Ressource. Sie macht das Leben lebenswert.

Zusammenfassung und Prozessreflexion

Gelingensprozesse können im *Zusammenspiel* von drei zerbrechlichen Momenten gefunden werden: Wir „blättern im Buch der Möglichkeiten", probieren also immer neue Varianten des Selben aus. Wir erlauben dem „Knacks", den ein Ereignis in uns hinterlässt, sich auszubreiten und uns von innen her zu durchdringen und zu verändern. Und wir können versuchen, uns eine grundlegende Offenheit für Geschenke des Lebens zu bewahren – Ereignisse, die unvorhersehbar sind und die die Dinge zum Guten wenden.

- Was brauche ich von mir selbst, von meiner Umgebung oder von der Situation, um mich meiner Zerbrechlichkeit zuwenden zu können? Und was passiert mit mir, wenn ich das tue –

welche (inneren und äußeren) Prozesse werden dann möglich?

- Welche Variationen desselben Musters erkenne ich im Denken, Erleben und Handeln oder in der Eigendynamik des Systems? Wie lassen sich diese Variationen genau beschreiben? Welchen Rhythmus haben sie, welche Intensität?

- Wo liegen Ressourcen, die ich stärker nutzen könnte? Auf welche kleinen, irrelevant erscheinenden Details könnte ich meine Aufmerksamkeit lenken? Wie kann ich meine Herzensweite öffnen?

6 Gespür

Begleiten Sie mich bei einem Besuch bei Martin Heidegger. Heidegger war ein Philosoph, der Anfang bis Mitte des zwanzigsten Jahrhunderts seine wichtigste Schaffenszeit hatte. Oft verbrachte er lange Monate auf einer abgeschiedenen Hütte in den Bergen des Schwarzwalds. Dort schrieb er viele Bücher, in denen er tiefsinnige Gedanken entwickelte.

Aber um Heideggers Denken geht es hier gar nicht. Das Besondere an unserem Besuch ist nämlich, dass wir keinen seiner Gedanken beachten werden. Wir lassen sie einfach links liegen. Statt dessen wohnen wir Heidegger bei, wie er aus seinem Bett steigt, wieder hinein steigt, schläft, aufwacht, seine Unterhose anzieht, in seine Strümpfe schlüpft, einen Schluck Most macht, aus dem Blockhaus hinaus tritt, auf den Horizont schaut, seine Haube vom Kopf nimmt, die Haube wieder aufsetzt, seine Haube in Händen hält, liest, Suppe löffelt, sich ein Stück (selbstgebackenes) Brot abschneidet, ein (selbstgeschriebenes) Buch aufschlägt, ein (selbstgeschriebenes) Buch zuschlägt und sich bückt und streckt. Der Comiczeichner Nicolas Mahler hat diese Abfolge aufgezeichnet als eine Reihe von „Fotografien", die vor Langeweile nur so strotzen – nicht umsonst schließt der Betrachter dieser Bilder mit den Worten: „Es ist zum Kotzen"[24].

---

[24]vgl. Bernhard / Mahler, 2011, S. 85

Was wir in diesem Comic sehen können, ist eine Abfolge von Verhaltensschritten. Er macht uns deutlich, dass viele unserer Verhaltensweisen Sinn machen müssen. Wir *bedenken*, was wir tun und was wir nicht tun. Fast jede menschliche Handlung hat eine symbolische Bedeutung. Es ist vor allem die Sprache, die dem, was wir tun, seinen Sinn verleiht. Wir können *sagen* und (mehr oder weniger gut) *begründen*, warum wir die Dinge so tun, wie wir sie tun.

Ziehen wir diesen Sinn von den Körperbewegungen ab, so bleibt eine langweilige Folge von mechanisch anmutenden Abläufen übrig, die wahllos aneinander gereiht zu sein scheint. Heideggers Körper wird, ohne die sprachgebundene Führung, die ihn voranträgt, zu einer Art von geistloser „Maschine". Dieser Maschinenkörper läuft umher, wie eine Marionette, er schläft, trinkt, sitzt an einem Tisch und bringt dort mit einem Stift merkwürdige schwarze Linien auf ein Blatt Papier auf. Mehr ist da nicht.

Mehr ist da nicht? Wirklich? Dass dieser Gedanke nicht so recht stimmen kann, verstehen wir, wenn wir unseren Blick ein wenig weiter nach unten lenken. Stellen wir uns vor, dass Heidegger eine Katze hatte. Sie sitzt unter seinem Tisch und leckt sich die Pfoten. Sie versteht nicht, was der große Mann da mit dem Stift macht und sie wird es auch nie verstehen. Sie weiß noch nicht einmal, was ein Stift ist. Wofür ich Sie sensibilisieren möchte, ist dies: Heideggers Katze kann nicht sprechen und schreiben, so wie Heidegger es kann, ein „Stockwerk" über ihr. Die Katzensprache ist schätzungsweise einige tausend Male weniger differenziert, als das menschliche Ausdrucksvermögen. Katzen kennen keine Bücher und keine Geschichten, sie haben keine Gesetzestexte, kein Internet und keine Kunstwerke. Und doch: Das Lecken der Pfoten ist so einfach und zugleich so reich, dass es ohne jegliche symbolische Bedeutung auskommt. Es kann ganz für sich selbst stehen. Und es macht durchaus Sinn – das erkennen wir ohne jeden Zweifel, wenn wir die Katze auch nur eine einzige Minute lang bei ihrem Tun beobachten. Der Sinn, der im Lecken der Pfoten liegt, ist jedoch von anderer Art, als der Sinn, der in Heideggers Büchern in Sprache gegossen wird. Er ist viel schlichter, er genügt sich selbst, er braucht keine Sprache. Er *ist*.

Wir Menschen als kommunikative Wesen „durchmustern" jede Situation sprachlich und „arten" sie dadurch. Das meint: Wir können immer nur in einer gewissen *Art* von Situation sein, aber nicht in der „puren" Situation per se. Wir leben in einer Dualität, in der die Lebensprozesse und die Sprachprozesse mehr oder minder getrennt voneinander sind und nebeneinander coexistieren. Suzuki, ein Theoretiker des Buddhismus, stellt trocken fest: „Es besteht keine Möglichkeit für uns, dieser Intellektualisierung zu entgehen"[25]. Wir leben in der Dualität und sind mit unserem sprachlichen Bewusstsein gesegnet. Dieses ist

> „so beschaffen, dass es in diesem Zustand der Einheit, der Gleichheit (Identität) nicht zu bleiben vermag und wir beginnen, über ihn nachzudenken, um uns seiner bewusst zu werden, ihn klar zu definieren, ihm zum Gegenstand unseres Besinnens zu machen, ihn zu zergliedern, so dass die Energie, die seit Ewigkeit in Schweigen und Inaktivität verschlossen war, sich zu Lauten wandelt und

---

[25]Suzuki, 1993, S. 20

sich in der Dynamik menschlicher Aktivitäten manifestiert."[26]

Die Katze jedoch bleibt davon ungerührt. Sie würde uns auslachen, wenn sie verstünde, was wir da tun. Sie leckt sich die Pfoten und lebt dabei in einer ganz anderen Art von „ursprünglichem" Raum. Ein Raum, der sprachlich, sieht man von einigen Katzenlauten ab, kaum durchmustert ist. Gendlin nennt diesen Raum den Verhaltensraum[27].

Auch hier finden wir wieder die grundlegende Unterscheidung von logischem Denken und Prozessdenken. Der Verhaltensraum der Katze ist ein völlig anderer Raum, als der Raum, in dem wir Menschen leben. Raum ist nicht gleich Raum. Unser menschlicher, alltagssprachlicher Raumbegriff beschreibt einen *leeren*, statischen Raum, der durch Breite, Höhe und Tiefe definiert wird. Wie ein durchsichtiger Würfel, der eine Art dreidimensionales Koordinatensystem bildet, mit einer x-, einer y- und einer z-Achse. In diesem Raum lassen sich Objekte lokalisieren, wir können diese Objekte in ihrer zeitlichen Veränderung beobachten, logische Beziehungen zwischen ihnen definieren. Wir können mit Hilfe des begrifflichen Denkens, das daraus folgt, Maschinen bauen, die funktionieren. Der leere Raum des menschlichen Denkens ist eine Tabula Rasa, auf die wir unsere gedanklichen Konstrukte aufbringen – so, wie Heidegger auf dem weißen Blatt Papier seine Gedanken niederschreibt.

Der Verhaltensraum der Katze hingegen ist von vornherein *voll*. Er steckt voller unmittelbarer Möglichkeiten dafür, wie sich die Verhaltenssequenzen

---

[26]ebd.
[27]vgl. Gendlin, 2015, S. 195ff.

des Tieres fortsetzen könnten. Dieser Raum ist selbst Prozess, er ist ein Potenzialfeld, ein dynamisches Gewebe aus Verhaltenssequenzen, die vom Körper impliziert werden. Das merken wir besonders, wenn die Katze sich auf gemacht hat, um einem Vogel nachzujagen. Dann schnellt sie durch den Garten vor der Hütte, den Vogel immer im Blick. Der Vogel als Beuteobjekt fällt aus diesen Prozessfolgen immer wieder neu heraus. Er wird zum festen, bestehen bleibenden Objekt, indem er sich als das herausstellt, was voranträgt. So kann die Katze ihm nachfolgen. Sie und er und die physikalische Umwelt kommen dabei wie aus einem Guss, sie sind ein einziger Jagd- / Fluchtprozess. Die Katze muss beispielsweise auch „den großen Stein, der ihr im Weg ist, mit einbeziehen und auf ihn achten. Die Katze rennt um ihn herum und nicht in ihn hinein, und sie springt auch nicht auf ihn hinauf"[28].

Das Potenzialfeld für die Fortsetzung der Verhaltenssequenz *Fliehen/Jagen* ändert sich dabei mit jeder kleinen Bewegung von Jäger und Beute:

> „Hat sich das Tier einmal bewegt, ist es nicht mehr an der gleichen Stelle. Von der Stelle aus, an der sich das Tier bewegt hat, hätten viele andere Bewegungen gemacht werden können. Aber nun, von dieser neuen Stelle aus, würden alle diese Bewegungen anders geschehen. Das Tier könnte immer noch zu diesem Baum gelangen, aber auf einem anderen Pfad. Es könnte nun zu dem Felsen dort drüben laufen, aber nicht mehr um ihn herum wie vorher, als der Felsen noch direkt vor dem Tier war. Jede erdenkliche Bewegung – und es könnte eine enorme Vielfalt sein – ist

---

[28]ebd., S. 219

mit einem Mal verändert durch die Bewegung,
die geschehen ist".[29]

Wie ist das alles möglich, ohne dass die Katze mit Hilfe von Begriffen plant, abwägt und konstruiert? Wie kann man ihre Verhaltensprozesse ganz ohne sprachliches Bewusstsein verstehen?

Die Idee ist, dass sich der Katzenkörper in seinen Verhaltensprozessen gewissermaßen „von innen her" selbst zu spüren vermag. Wie wir bereits in den Kapiteln eins und zwei hergeleitet haben, ist jeder Körper, prozesshaft gedacht, ein dynamisch veränderliches und unteilbares Gewebe aus unzähligen Subprozessen. Sie laufen alle gleichzeitig ab und sie sind zugleich auch verwoben mit den Prozessen der unmittelbaren physischen Umwelt. Sie laufen nicht *innerhalb* der üblichen Zeitstrukturen ab, sondern das Jagen generiert seine eigene Zeit (Kapitel vier). Die Einzelprozesse untereinander und auch die damit affizierten Umweltprozesse lassen sich nicht mal so recht voneinander unterscheiden. Alles geht verschränkt ineinander über, ist gewissermaßen ein großes „Alles-durch-Alles", das aus seinem Gesamtpotenzial heraus jeweils den nächsten Schritt impliziert. Wir wissen weiterhin, dass manche dieser Prozesse manchmal gestoppt sein können, weil etwas fehlt, was zur Fortsetzung nötig wäre (Kapitel drei), oder dass sie dann irgendwie „schräg" und anders ablaufen. Außerdem wissen wir, dass ein Organismus in einem solchen Fall *sensibler* wird (Kapitel fünf).

Genau diese Sensibilität ist es, die uns verstehen lässt, wie die Katze sich ohne Sprache fortbewegt. Offene Prozesse sind nicht nur sensibel

---

[29]ebd., S. 216

für Umweltveränderungen, sondern sie sind sensibel für alles, was auf irgendeine Weise mit ihnen in Fühl-Verbindung steht. Und das *ist* eben auch der eigene Körper. Da es im Prozessdenken keine echte Trennung von Bewusstsein und Materie gibt, spürt der sensibel gewordene Körper auch sich selbst. Die Sensibilität ist gewissermaßen die Nahtstelle von Körperbedürfnissen und Umweltmöglichkeiten, sie ist eine Art von Navigationssystem, das der Organismus-Umwelt-Verschränkung innewohnt. Wie ein innerer Kompass nimmt dieses sensible System ganz ohne den Umweg über die Sprache wahr, wo und wie eine Fortsetzung der gestoppten Teilprozesse möglich sein könnte. Die Katze spürt also, wo es hingeht, weil ihr Körperprozess zugleich auch Umweltprozess ist. Ihre Offenheit, ihre Sensibilität, der Drang, Gestopptes fortzusetzen, trägt diesen offenen, verletzlichen Prozess stimmig voran.

Die Katze ist dabei blind für symbolische Bedeutungen – sie braucht gar nicht begrifflich zu verstehen, wo sie sich hin bewegt, und dennoch „weiß" sie sehr wohl sehr genau, wo sie sich hinbewegen *kann*, weil sie es von innen her fühlen kann und weil all ihre Prozesse ohnehin schon von vornherein aufs Innigste mit den Umweltprozessen verwoben sind. Ihr Körper fühlt also, aus sich selbst heraus, wo es etwas gibt, was ihm gut tun könnte. Genau dort, an diesen guten Stellen, setzen sich die gestoppten Prozesse fort.

Dadurch, dass der Körper sich selbst spürt, sind Wahrnehmung und Fühlen die inneren Wegweiser für den voranschreitenden Verhaltensprozess. Sie geben ihm Sinn und Richtung. Der Clou dabei: Auch wir Menschen leben in diesem Raum. Wir sind uns dessen jedoch nur ansatzweise bewusst. Wir haben den Verhaltensraum nie verlassen, unser Sprachraum erweitert die Verhaltensräume, die wir mit den Tieren gemeinsam haben. Raum ist nicht gleich Raum, und: Raum ist Raum. Im Prozessdenken sind beide Aussagen wahr.

Bei all dem ist der Verhaltensraum, den wir mit den Tieren gemeinsam haben, unendlich reich – reicher als alles, was wir mit Begriffen je zu sagen vermögen. Das glauben Sie nicht? Nehmen Sie doch nur mal für eine kurze Zeit ihre Aufmerksamkeit in Ihren Körper. Nehmen Sie den Raum wahr, in dem Sie sich befinden? Spüren Sie die Unterlage, auf der Sie sitzen, die Wände oder Gegenstände, die Sie umgeben? Nehmen Sie dabei das Meer von Möglichkeiten wahr, wie Sie als nächstes körperlich agieren könnten? Nehmen Sie all die körperlichen Bewegungsmöglichkeiten wahr? Ich spreche hier von der Bewegung des kleinen Fingers oder einem Blinzeln mit den Augen genauso, wie von „massiveren" körperlichen Veränderungen: Sie könnten genausogut auch aufstehen und umherlaufen oder einen oder zehn oder hundert verschiedene Tänze aufführen. Wenn ich Sie bitten würde, eine (sprachliche) Liste mit präzisen Beschreibungen all der nächsten Körperbewegungen anzufertigen, die Ihnen allein vom *jetzigen* Prozessmoment an möglich sind, während Sie diese Zeile lesen, so wären Sie auch nach Stunden noch beschäftigt, all das zu benennen, was sie als nächstes körperlich tun könnten. Unser Gespür für das, was wir im Verhaltensraum tun können, ist nahezu unendlich; Sprache, die diese Situationen „artet", ist dagegen geradezu mickrig: „Offensicht-

74

lich ist jede Erfahrung viel reicher als die [beste] bestehende begriffliche Art-Struktur"[30].

Auch Martin Heidegger war sich dieser Tatsache ein Leben lang bewusst. Bewundernswert ist, dass er versucht hat, dort in seiner Hütte das eigentlich Nichtsagbare behutsam zur Sprache zu bringen. Von ihm können wir vor allem etwas über die Grenzen der Sprache lernen, und darüber, wie man sie behutsam voranträgt. Damit nähern wir uns einem nicht-dualen Bewusstsein an, wie es vielleicht einige der großen Religionsgründer gehabt haben mögen. Am meisten jedoch können wir lernen, wenn wir die Katze beobachten, die den Vogel verspeist hat und jetzt wieder unter dem Tisch sitzt. Sie sitzt einfach da und leckt sich die Pfoten. Heideggers Katze ist der kleine Buddha, der in uns allen wohnt.

Zusammenfassung und Prozessreflektion

Im Verhaltensraum ist es die körperlich erlebte Verwobenheit mit den Umweltprozessen, die die jeweils nächsten Körperbewegungen vorstrukturiert. Konkrete Verhaltensschritte bilden sich in einem von innen her fühlbaren Möglichkeitsfeld aus, das immer gerade dort beginnt, wo Körperprozesse gestoppt sind. Ich selbst, als sensibler Organismus, bin dabei das Epizentrum. Von mir her und aus mir heraus wird dieses Möglichkeitsfeld fühlbar. Es spannt sich vor mir auf, als mein Gespür für das, was als nächstes geschehen kann.

- Was ist mein gegenwärtiges körperliches Empfinden? Wie atmet es? Wo empfinde ich körperliche Spannungen oder Verdichtungen? Wo

---

[30]ebd., S. 386, Einfügung TH

im Körper spüre ich so etwas wie erlebbaren Freiraum oder frische Luft?

- Wie kann ich meine unmittelbare räumliche Umgebung (Arbeitsplatz, Wohnung, Auto,...) so verändern, dass sich dadurch bessere körperliche Verhaltensmöglichkeiten ergeben? Welche Kleinigkeiten, die subtil stören, kann ich ohne großen Aufwand beseitigen (z.B. das feine, unangenehme Drücken am Brillenbügel, das immer da ist)?

- Wie fühlt sich ein Ort an, der normalerweise besonders stark sprachlich durchmustert ist, wenn ich versuche, ihn möglichst pur wahrzunehmen? Wie kann ich den „kleinen Buddha in mir" aufwecken?

7 Geschichten

Eine alte Schamanin sitzt inmitten einer Gruppe von Menschen am Feuer. Sie wirft getrocknete Blätter in die Glut. Ein würziger Duft steigt auf, umhüllt sie alle. Sie atmen tief ein und aus, ein und aus. Eine Geschichte steigt in der Schamanin auf, und sie beginnt, sie zu erzählen. Die anderen lauschen. Die Geschichte kündet vom Wolf und vom Bison, vom Urmann und von der Urfrau und von der Mondin, die ihr Auge öffnet, während die ersten Menschenkinder über die Erde streifen.

Gehen wir in der Menschheitsgeschichte nur ein paar hundert Generationen zurück, so finden wir dort keinerlei wollendes *Ich* mehr. Sondern nur noch eine merkwürdige Art von unbewusstem, in die physikalische Umgebung innig eingeflochtenes *Wir*. Der Soziologe Jeremy Rifkin beschreibt dieses Stadium als *mythologische Bewusstseinsstufe*. Jäger und Sammler geben ihr Wissen mündlich weiter, sie sind dabei direkt und unmittelbar in die stoffliche Umgebung eingebunden. Es existiert kein individuelles Erleben, einzelne Menschen sind sich ihrer Fähigkeit zur Autonomie nicht bewusst, sondern sie sind miteinander und mit der physischen Umwelt eingewoben in übergreifende „große Erzählungen". Die Menschen leben in einer „mystischen und mythischen Welt tiefer, unfreiwilliger Partizipation"[31].

---

[31]Rifkin, 2012, S. 134

Dass wir heute so oft *Ich* sagen, dass es ein *Ich* gibt, das *will*, ist etwas sehr Spezielles. Besonders deutlich wird das, wenn wir über ein kleines, fast schon banales Detail des Alltagslebens nachdenken, auf das Rifkin hinweist – darüber, dass es bis ins 16. Jahrhundert hinein für die normale Bevölkerung keine *Stühle* gab. Menschen saßen auf dem Boden oder allenfalls auf Bänken oder Schemeln. Ein Stuhl, wie wir ihn heute kennen, war nur den Herrschenden vorbehalten: Dem ägyptischen Pharao, dem römischen Kaiser, dem mittelalterlichen König. Vergegenwärtigen wir uns einmal, wie es sich anfühlt, auf einem perfekt passenden Stuhl zu sitzen. Da ist eine stabile Fläche, die den Körper hält; die Fußsohlen liegen fest auf dem Boden auf und sind dadurch gewissermaßen „geerdet". Im Rücken befindet sich eine Lehne, die Rück-Halt gibt und ein Gefühl von Sicherheit erzeugt. Vielleicht sind da sogar Armlehnen, die den Armen und Händen eine entspannte Position ermöglichen und damit auch die Schulter- und Nackenmuskulatur entlasten und entspannen. Ein guter Stuhl ist für uns alltäglich, mit etwas Abstand betrachtet ist er jedoch ein speziell konstruiertes Gerät, das ergonomisch und wie angegossen zur Form und Größe des menschlichen Körpers passt. Wer auf einem solch perfekt passenden Stuhl sitzt, – ein solcher Mensch empfindet sich in einer ganz natürlichen Weise als *Ich*. Natürlich ist ein Stuhl keine zwingende Voraussetzung für ein *Ich* – er ist hier nur als Sinnbild zu verstehen. Worauf es mir ankommt, ist dies: Neunundneunzig Prozent der Menschen, die auf dieser Erde je existierten, haben ein solch sattes *Ich-Gefühl* Zeit ihres Lebens *nie* gekannt. Das *Ich*, wie wir es heute verstehen, ist,

genauso wie der Stuhl als Erfindung, nicht mehr
als vierhundert Jahre alt[32].

Um so erstaunlicher ist es, dass es über lange
Zeiträume hinweg immer wieder stabile Kulturen
gab, die „funktioniert" haben. Wie ist so etwas möglich, ohne dass die einzelnen Menschen in einer
derart autonomen Weise *Ich* sagen, wie wir das heute tun? Eine Antwort, die die Prozessphilosophie uns
gibt, ist ein Prinzip, das Gendlin *Interaktion zuerst*
nennt[33]. Die Interaktionen sind in dieser Denkweise
lange vor den Individuen da. Individuen entstehen
in ihrer Individualität erst aus den Interaktionsprozessen; sie sind für das Funktionieren einer Kultur
zwar nicht vollkommen unwichtig, aber doch nach-
rangig.

Kultur lässt sich im Prozessdenken definieren
als symbolisches Geschehen. Wir fassen Situationen
in sprachliche Muster. Oder anders gesagt: Was uns
Menschen von Heideggers Katze (in Kapitel sechs)
unterscheidet, ist, dass wir in kulturell geprägten Situationen immer auch sprechen. Es gibt in unseren
kulturellen Lebensräumen keine „puren" Situationen, sondern wir leben immer in gewissen *Arten*
von Situationen. Diese Arten sind, ganz schlicht
gedacht, letztlich nichts anderes, als sprachlich ge-
tragene Konventionen:

> „Kultur ist, wie man 'Auf Wiedersehen' sagt
> und was man sonst tut, bevor man geht;
> wann man aufsteht, um zu gehen und die Art
> von Treffen, die man haben kann; die Rollen,
> die verschiedene Arten von Menschen einneh-
> men; wann man sich beleidigt fühlt und wann
> und wie man über etwas hinwegsehen kann;

---

[32]In diesem Kontext ist auch an Descartes' berühmt gewordene
Formel „Ich denke, also bin ich" zu erinnern.

[33]Wir sind diesem Prinzip im fünften Kapitel schon begegnet.

wann und wie man kämpft und argumentiert
und worüber."[34]

Sprache bezeichnet dabei nicht einfach Situationen wie Dinge, so, als ob die Bezeichnung und das Bezeichnete unterschiedlich wären. Wie die roten und weißen Schlieren des fremden Planeten (Kapitel zwei) geht im Prozessdenken beides fließend ineinander über. Lassen Sie uns einmal versuchen, das, *was* ich bezeichne (also das Ding) und *womit* ich es bezeichne (also das Wort dafür) als ein und denselben Prozess zu denken. Ich vermute: Dies mag für Sie, liebe Leserin, lieber Leser, äußerst merkwürdig und ungewohnt sein. Im logischen Denken sind die Welt der Dinge, und der Beobachter, der diese Dinge mit Worten benennt, klar voneinander geschieden. Im Prozessdenken jedoch benötigen wir diese Unterscheidung nicht.

Was uns helfen könnte, Sprache ganzheitlich und zugleich prozesshaft zu denken, ist die schlichte Tatsache, dass sich Sprache unmittelbar aus den voranschreitenden Interaktionen *kreiert*:

„Es ist unser körperliches Sein in der Situation, in der wir sind, das die passenden Worte kommen lässt. Würde der Leser einen Moment innehalten und sich selbst beobachten, wird dies sofort klar. Worte 'kommen einfach' beim Denken und beim Sprechen. Wie kommen sie? Wir sortieren nicht die unpassenden Worte aus, als ob wir durch eine Datei gingen. Wir 'wählen' Worte nicht unter anderen Worten. Die richtigen oder fast richtigen Worte 'kommen einfach'. Was geht diesem Kommen voraus? Manchmal ein körperliches Gespür für die Situation. Aber häufig gibt es

---

[34]Gendlin, 2015, S. 367

kein gesondertes Gespür dieser Art, auf das
man seine Aufmerksamkeit richtet. In der Situation zu sein, lässt die Worte kommen."[35]

Sprache kommt einfach, körperlich. Sie hat ihre Ursprünge tief in den körperlich verwobenen Möglichkeitsräumen der Tiere. Sie wird geboren irgendwo im Dunkel der Verhaltenssequenzen, die auch Heideggers Katze durch ihr gesamtes Katzenleben hindurch tragen. Die Schamanin, die am Feuer sitzt und Geschichten erzählt, ist nicht der Anfang, sondern der Endpunkt einer langen Entwicklung. Um den Weg von den Verhaltensräumen der Katze hin zu den Symbolräumen der ersten Menschen begrifflich nachvollziehbar zu machen, lassen Sie uns mehrere Stationen beleuchten. Wie einzelne Szenen in einer kontinuierlichen Entwicklung sehen wir dann, wie aus körperlichen Verhaltenssquenzen nach und nach symbolische Bedeutung entsteht.

Szene I: Die Tiger, die kämpfen wollen

Stellen wir uns zwei Säbelzahntiger vor. Angriffslustig stehen sie einander in einigem Abstand gegenüber. Ein bedrohliches Knurren liegt in der Luft. Blicke blitzen und treffen genau in das Augenpaar des jeweiligen Gegners. Immer wieder geht ein Zucken durch die aggressiv erregten Körper. Doch der Angriff erfolgt nicht. Das Knurren wird lauter, das Zucken der Gliedmaßen wird zu ausladenderen Bewegungen. Der erste Tiger bewegt sich nach links, ohne den Blick vom zweiten zu nehmen. Der andere reagiert, er bewegt sich nach rechts, er hält den Blick. Das Knurren wird deutlicher, lauter, kon-

---

[35]ebd., S. 352

turierter. Und der Angriff erfolgt nicht. Zähnefletschen kommt hinzu. Die Körper der Tiere entwickeln schnelle kleine Bewegungen, die hart nach vorne stoßen. Und der Angriff erfolgt nicht. Warum nicht? Die Tiere können nicht kämpfen, denn zwischen ihnen liegt eine tiefe Schlucht. Die Entfernung ist zu groß. Sie können auch mit großem Anlauf nicht hinüber springen. Sie können nicht kämpfen, obwohl sie kämpfen wollen.

Die Verhaltenssequenz *Kampf* ist in diesem spezifischen physischen Kontext der Schlucht *pausiert*. Aber sie ist nicht vollständig gestoppt: Die beiden Tiere deuten die Kampfbewegungen an, führen sie hier und da sogar ein wenig aus. All die Kraft, die in einer anderen Umwelt in einen blutigen Kampf münden würde, mündet hier in diese angedeuteten Körperbewegungen. Die Interaktion ist zuerst da: Jede dieser Körperbewegungen trägt etwas beim Gegenüber voran, und wird auch von den Bewegungen des Gegenübers vorangetragen. Die Tiger haben keine individuelle Bewusstheit dessen, was hier geschieht, und dennoch – das Schauspiel, das sich uns hier bietet, ist eine erste, rudimentäre Vorform von Symbolik. Der Tanz der kämpfenden Tiger ist in seinen Ansätzen selbst noch ein bisschen Kampf – und zugleich *symbolisiert* er schon Kampf auf eine noch sehr unscharfe Weise.

Szene II: Der Vogel, der über uns hinweg fliegt, Version A

Stellen wir uns drei Affen vor. Sie streifen durch einen Wald – alle sind weit voneinander entfernt. Sie sehen einander nicht. Durch diesen Wald fliegt ein seltener Vogel. Er stößt leise Rufe aus, die nur dann gut vernehmbar sind, wenn man sich direkt unter ihm befindet. Nacheinander bleiben alle drei stehen und drehen ihre Köpfe nach oben. Sie lauschen und versuchen, den Vogel, der sich gerade irgendwo über ihnen befinden muss, durch das Geäst zu erblicken. Der Vogel fliegt weiter und verschwindet in der Ferne. Stille. Die drei Affen streifen weiter durch den Wald.

Szene III: Der Vogel, der über uns hinweg fliegt, Version B

Stellen wir uns erneut die drei Affen vor. Wieder streifen sie durch den Wald. Diesmal jedoch ist der räumliche Abstand von zweien von ihnen geringer – diese beiden sind jetzt in Blickweite füreinander. Wieder fliegt der Vogel über ihnen durch den Wald und stößt seine Rufe aus. Die Äffin, bei der der Vogel als erstes ankommt, wendet ihren Blick auch als erstes nach oben. Noch bevor der ihr nahe Affe sich des Vogels gewahr ist, sieht er, wie die Äffin den Blick hebt. Allein das Heben ihres Blicks genügt ihm schon, um intuitiv zu ahnen: Ja, ja – der Vogel ist wieder da! Gleich werde auch ich ihn hören können. Allein das Heben des Kopfes der Äffin trägt etwas in den Prozessen des zweiten Affen voran, macht also einen feinen, aber wichtigen Unterschied für dessen Prozesse. Die Prozesse des weit entfernten Affen, für den die beiden außer Sichtweite sind, erfahren diesen feinen Unterschied nicht. Das Heben des Blicks wird zu einer rudimentären Vorform dessen, was später einmal Gesten sein werden. Das Heben des Blicks im Kontext Wald könnte fortan Vogel *bedeu-*

ten. Die gestischen Sequenzen der ersten beiden Affen sind da, lange, bevor es so etwas wie Sprache gibt.

Szene IV: Die tanzenden Affenkinder

Stellen wir uns die Affensippe vor. Sie macht gerade „Pause". Die Affen sitzen gemütlich auf einer Lichtung, manche schlafen, einige kauen auf Blättern herum, andere liegen eng aneinandergekuschelt in einem Grasnest. Ein menschlicher Beobachter würde in dieser Szene viele einzelne Tiere unterscheiden, die Tiere selbst jedoch nehmen sich nicht als derartig getrennt wahr. Die Individuen leben noch in einer Art von Urschlaf. Nur bei zwei Affenkindern, die auch in dieser Szene herumwuseln, ist das etwas anders. Anfangs sitzen sie einander gegenüber, stehen irgendwann auf, umspringen einander und vollführen miteinander immer wieder andere und neue Gesten. Sie sind dabei ganz aufgeregt, sind aufeinander bezogen. Ihr Spiel ist so ähnlich, wie Menschenkinder dies heute vor einem Spiegel tun. Die Affenkinder sind einander eine Art von „lebendigem Spiegel": Das Körperaussehen des ersten Affenkindes trägt die Prozesse des zweiten Affenkindes voran und das Körperaussehen, das hierbei geschieht, trägt wiederum die Prozesse des ersten Affenkindes voran.

Bis hierher unterscheidet sich dieser Tanz noch nicht vom Tanz der Säbelzahntiger. Was hier jedoch hinzukommt, ist eine neue Ebene. Der jeweilige Körper eines jeden Affenkindes *hält* die Prozesse des anderen Affenkindes gewissermaßen durch sein Aussehen in einer überdauernden Situation (und

umgekehrt). Mehr noch als das: Die gemeinsam-
geteilte Situation *entsteht* genau dadurch, denn die
beiden stabilisieren sich wechselseitig. Wie ein Riss
im Kontinuum der Verhaltensprozesse scheint eine neue, eine symbolische Ebene auf. Das zeitliche
Überdauern auf dieser Symbolebene macht hier den
entscheidenden Unterschied, der als der eigentliche Urgund der Menschwerdung bezeichnet werden
kann. Die Affenkinder haben durch die lange Dauer
des Pausierens intuitiv bereits „verstanden", dass
sie pausieren. Und in die Offenheit dieser Pause
hinein geschieht nun der Tanz des Gegenübers. Die
Kinder nehmen dabei im gleichbleibenden situativen Kontext der Pause wahr, *dass* sie sich in diesem Kontext wahrnehmen: „Wir fühlen uns fühlen,
worum es geht, und deshalb fühlen wir uns fühlen"[36]. Die Pause erzeugt also den Spiegel, der die
beiden sich einander wechselseitig erkennen lässt.

Der neue Tanz, den sie miteinander aufführen,
bringt den magischen Moment hervor, in dem sich
Lebewesen zum ersten Mal „intuitiv" ihrer selbst
gewahr werden: „Ah, es gibt *mich*!" Auch dies ist ein
interaktionistischer Vorgang – das Selbstgewahrsein,
das wir hier vorfinden, kommt zunächst völlig ohne
Sprache aus. Die Affenkinder brauchen gar nicht
Ich zu sagen, um sich selbst als etwas Eigenes zu
spüren. Ihre Gesten genügen schon. Sie spüren
sich auch so, und vermutlich haben sie einen riesen
Spaß dabei:

> „Die ersten Tiere, die sich selbst in einer sol-
> chen versionierenden Sequenz auf einmal als
> Menschen wiederfanden, müssen eine aufre-
> gende Zeit damit verbracht haben, sich ihrer
> selbst bewusst zu sein! Auf einmal nahmen

---

[36]ebd., S. 265

sie durch ein gegenseitiges Bewegen, durch
Tanzen wahr, dass sie sich wahrnehmen.“[37]

Dies kann als eine sehr frühe, vorsprachliche Variante von Martin Bubers „der Mensch wird am Du zum Ich“[38] verstanden werden. Die Affen werden in einander-zu-erkennen-gebenden Tänzen für kurze Zeitspannen zu Urmenschen.

Szene V: Der Urmensch, der einen Pfeil schnitzt

Stellen wir uns einen Urmenschen vor, der im Gras sitzt und mit Hilfe eines Feuersteins einen Speer anfertigt. Er ist dabei sehr geschickt, denn er hat dies schon viele hunderte Male in seinem Leben getan. Sein Körper kennt die Abläufe, die dafür nötig sind, perfekt. Der Körper, der (gerade entstehende) Speer und der Feuerstein sind im Schnitzen ein und derselbe Prozess. In diesem Vorgang folgt der Blick des Urmenschen ganz präzise den Bewegungen seiner Hände: Feuerstein und Holz „fallen“ als etwas Gesehenes aus den sich verändernden Sequenzen „heraus“ (ganz ähnlich wie der Vogel aus dem Prozessgewirre „herausgefallen“ ist, dem Heideggers Katze im sechsten Kapitel nachgejagt ist). Der Feuerstein gleitet während des Schnitzens zielsicher durch das Holz, feilt immer feinere Späne ab.

Ein Objekt kann innerhalb dieses Prozesses etwas überdauernd Beständiges sein. Anders, als im dritten Kapitel, bekommen Objekte wie der Feuerstein und der Speer während des Schnitzens eine ge-

---

[37]ebd.
[38]vgl. Buber, 2004, S. 28

86

wisse Eigenständigkeit: „Zum ersten Mal hat ein Objekt nun ein Aussehen, einen Ton oder einfach eine Bewegung, das heißt, dass Menschen das Aussehen eines Objektes, seinen Ton oder seine Bewegung als Sequenz haben"[39]. Doch nicht nur Feuerstein und Pfeil sind während dieser Zeitspanne überdauernd beständig, sondern auch der Urmensch ist es, für sich selbst. Im Prozess des Schnitzens implizieren das Objekt und der Erschaffer des Objekts einander wechselseitig in ihrer Beständigkeit. Es sind also nicht nur die menschlichen Gegenüber, in denen wir uns selbst gespiegelt finden, sondern es könnte darüber hinaus auch ein Speer einen Affen zu einem Urmenschen werden lassen:

> „Ich weiß nicht, ob sich solche Sequenzen des Gesehenen rasch mit allen Objekten bilden oder nur mit einem besonderen Objekt. Wenn letzteres der Fall ist, so würde unser Affe, der nur während des Tanzes menschlich ist, dieses Objekt sehr geschätzt haben. Das Objekt hätte die Macht, unseren Affen zwischendurch wieder zum Menschen zu machen. Es wäre ein sehr wertvolles Objekt."[40]

Szene VI: Das Ritual

Stellen wir uns einen Urmenschen-Jungen vor, der am Grunde einer tiefen Schlucht allein an einem Bach hockt. Es ist dunkle Nacht. Es hat geregnet und es ist kalt. Ein Feuer brennt. Das nasse Holz droht immer wieder auszugehen. Aber der Junge versteht es, die Zweiglein und auch größere Holzstücke so geschickt in den Flammen zu positionieren, dass das Feuer die ganze Nacht über durchhal-

---

[39]Gendlin, 2015, S. 271
[40]ebd.

ten wird. Hätte er eine Sprache und könnten wir ihn fragen, was er fühlt, während er da so sitzt, so würde er vielleicht antworten: „Ich fühle mich gerade sehr zerbrechlich." Er kann dies jedoch nicht in Worten ausdrücken. Er hat noch gar keine Sprache. Die Zerbrechlichkeit ist dennoch da, als ein körperliches Empfinden. Dieses Empfinden ist sein Kompass – es zeigt ihm, welches Stöckchen er jeweils als nächstes auf das Feuer werfen kann. Er empfindet in diesem Prozess keine Angst, denn seine Zerbrechlichkeit geleitet ihn sicher durch die Nacht. Am kommenden Morgen kehrt er zurück zur Gruppe. Er wird von den älteren Mitgliedern seiner Sippe empfangen. In ihren Blicken liegt eine neue Qualität. Er spürt in der Art, wie sie ihn anschauen, ganz intuitiv: Du bist jetzt einer von uns. Auch dies braucht keine Sprache. Es ist ganz selbstverständlich: Von nun an wird der junge Mann mit ihnen auf die Jagd kommen, Nahrung zubereiten und soziale Verantwortung für andere Sippenmitglieder übernehmen. Er ist erwachsen geworden.

Rituale wie das, das der Junge durchlaufen hat, sind Teil einer jeden Kultur: „Wir sehen hier [...], dass beispielsweise ein Initiationsritual jemanden körperlich in einen Erwachsenen verändert, was ansonsten nicht in der gleichen Weise geschehen wäre"[41]. Ein solches Ritual ist eine erste vorsprachliche Art von Kultur. Rituale zeigen, wie tief verwurzelt eine jede Kultur in unseren körperlichen Prozessen ist. Unser körperliches Erleben wird die Basis für Kultur bleiben. Wir werden es auch in den ausdifferenziertesten Hochkulturen nicht mehr verlieren: „Selbst heute noch können wir den Appetit verlieren,

---

[41]ebd., S. 287

wenn nicht zuvor gewisse kulturelle Formen eingehalten werden, ohne die wir nicht oder nicht gleich gut essen können"[42].

Szene VII: Nach der Jagd, Version A

Stellen wir uns vor, dass einige Urmenschen ein Reh erjagt haben. Der junge Mann ist jetzt Teil der Gruppe, und auch der ältere Urmensch, der den Pfeil geschnitzt hatte, gehört dazu. Bevor sie das erlegte Reh aufschultern, lassen sie alle Werkzeuge fallen. Sie heben das Tier gemeinsam an und bewegen sich in Richtung der Höhle. Dort werden sie das Tier zerlegen, braten und zusammen mit den anderen verspeisen. Die Jagdwerkzeuge, die sie angefertigt hatten, liegen jetzt im Gras. Sie werden an dieser Stelle liegenbleiben. Die Teile aus Holz werden vermodern. Die Steine werden, von Erde überdeckt, im Boden so lange überdauern, bis sie eine Archäologin tausende Jahre später wiederfindet. Von der Jagdgruppe jedenfalls werden sie nie mehr verwendet. Warum nicht? Sie haben, außerhalb des Kontexts *Jagd*, ihre symbolische Bedeutung völlig verloren.

Szene VIII: Nach der Jagd, Version B

Stellen wir uns vor, dass viele Generationen später Jägerinnen und Jäger ein Bison erlegt haben. Die Ahnen dieser Menschen hatten ihre Jagdwerkzeuge noch liegen gelassen. In dieser Gruppe jedoch erklingen nach dem Jagen manchmal bestimmte Lautfolgen, die von ihren Körpern ausgestoßen werden, während sie die Beute zerlegen. Diese Laute

---

[42]ebd.

ergeben sich ohne Intention aus den Körperbewegungen selbst, die während des Zerscheidens auf natürliche Weise entstehen. Da ist vielleicht ein unwillkürliches Stöhnen, ein *OOH*, das von den Atemorganen (Zwerchfell, Lunge, Mund) eines Mannes produziert wird, während er versucht, das Bison anzuheben. Dieses Stöhnen wird noch nicht als Stöhnen erkannt – dennoch trägt es die Prozesse der umstehenden Menschen voran. Es erhält dabei eine Bedeutung – es meint fortan *Anheben!* – und immer, wenn jemand es erklingen lässt, weiß die Gruppe, dass etwas angehoben werden soll. Das Stöhnen funktioniert fortan in den Verhaltensprozessen der Gruppe mit, wird immer wieder reproduziert. Mit jedem neuen Durchlauf verfeinert es sich ein bisschen. Einige Jagden später ist nur noch seine Essenz hörbar, wenn es ausgestoßen wird. Aus dem ursprünglichen Stöhnen ist vielleicht so etwas wie eine Silbe geworden: *oh*.

Es gibt auch andere Silben. Das Werfen des Speers beispielsweise bringt eine Art von schwirrendem *HUHHH* - Klang hervor, weil die Luft beim Abschleudern aus dem Körper einer Frau ausgestoßen wird. Auch dies geschieht, während andere Menschen zuhören. Und auch dieser Klang trägt die Prozesse der Umgebenden voran – er bedeutet fortan Speer. Nicht, weil er einen Speer bezeichnet, sondern weil er im Prozessgewebe ganz ähnlich funktioniert, wie das Abwerfen eines Speers. Durch das Aussprechen der Silbe *hu* kann der abwesende Kontext der Jagd in den gegenwärtigen Kontext der Höhle herangeholt werden. Da der Speer selbst durch das Aussprechen von *hu* eine Art von überdauernder Beständigkeit bekommt, bleibt er nun nicht mehr am Jagdort liegen. Er wird nach der Jagd aufgehoben und mit nach Hause genommen.

Szene IX: Der Sammler, der ein Ei aus dem Nest nimmt

Stellen wir uns einen Sammler vor, der den Wald durchstreift. Er hat ein Vogelnest gefunden. Kurz, bevor er das Ei, das er darin entdeckt, aus dem Nest nimmt, hält er inne. In diesem kurzen Zeitraum ist ihm bewusst, dass es für einen anderen Sammler, der hier ebenfalls ab und an entlangkommt, einen Unterschied machen wird, wenn es nicht mehr da ist. Es ist also so etwas wie eine erste Form von sozialer Beziehung entstanden. Hieraus wird sich Sprache entwickeln. Sprache ist Beziehung. Sie existiert in Form von Geschichten, die wir einander erzählen.

Sobald die Geschichten da sind, sind wir in sie genau so eingewoben, wie in die Natur. Wir können ihnen nicht mehr entkommen. Der Philosoph Wilhelm Schapp beschreibt das so: „Wir können den Verstrickten nicht aus seinen Geschichten herauslösen und können ihn auch nicht mit erkennbarem Sinn in einen anderen Komplex von Geschichten hineinsetzen"[43].

Szene X: Die Schamanin am Feuer

Wir sind nun wieder da angekommen, wo wir dieses Kapitel begonnen haben: Inmitten der Geschichte, die die alte Schamanin erzählt. Ihre und auch alle anderen Geschichten sind eine sehr spezielle Art von

---

[43]Schapp, 2012, S. 161

Prozess. Geschichten sind symbolische Prozesse, die aus Wortfolgen bestehen. Geschichten gehen über uns als einzelne Menschen hinaus, ja waren sogar schon vor uns als Einzelwesen da: „Jede Geschichte steht mit anderen Geschichten und vielleicht mit allen Geschichten in diesem lebendigen Zusammenhang"[44]. Wir leben in der Sprache und zugleich sind wir in der Sprache gefangen. Sie strukturiert unsere Interaktionen, gibt uns Gestaltungsraum für unsere Handlungen und sie fesselt uns zugleich. Diese Art von sozialer Verstrickung wird nach und nach stärker werden, als die rein materielle Realität, in der wir leben. Die Menschen *kippen* mit dem Entstehen von Sprache und Bedeutung gewissermaßen in die Kultur *hinein*. Wem ein Vogelei gehört, wird irgendwann einmal wichtiger sein, als das Ei selbst. Hieraus wird sich irgendwann einmal Eigentum, Recht und Vertragswesen entwickeln.

Ein letztes Mal knackt ein verglimmendes Holzscheit, und die Schamanin blickt auf. Sie sieht den weiten Sternenhimmel, der sich offen und frei über allem wölbt. Vielleicht ahnt sie ja, dort, an ihrem Feuerplatz, in tiefer Nacht, dass die Menschen auch nach tausenden von Jahren in ihren Geschichten weiterleben werden, dass sie die Geschichten weitererzählen, sie dabei bis zur Unkenntlichkeit verändern und vorantragen werden. Aber eigentlich sind es noch immer dieselben alten Geschichten. Vielleicht spürt sie, die Schamanin, in dieser Nacht ganz deutlich, „dass keine Geschichte jemals zum Abschluss kommt, dass keine Geschichte ganz im Horizont untertaucht."[45]

---

[44]ebd., S. 94
[45]ebd., S. 124

Zusammenfassung und Prozessreflexion

Kultur und Sprache entstehen, prozesshaft gedacht, in vielen kleinen Schritten. Sie entfalten sich gewissermaßen „organisch" aus den Verhaltensprozessen der Tiere heraus. Kultur beginnt da, wo die Beziehungen zwischen den Menschen, die wir einander in Geschichten erzählen, wichtiger werden, als die rein materiellen Gegebenheiten der Verhaltensräume.

- Wie fühlt sich ein bestimmtes markantes Wort, ein Satz oder ein Ausdruck körperlich an, während ich es/ihn verwende? Was verändert seine Verwendung im Prozessgeschehen? Welchen Unterschied macht seine Verwendung in den sozialen Beziehungen?

- Welches Ritual könnte dabei helfen, einen gestoppten Prozess fortzusetzen? Wie müsste es eingesetzt werden, damit es seine volle Wirkung entfaltet?

- Wie ließe sich eine bestimmte Geschichte, in der ich mit einem bestimmten Menschen „gefangen" bin, stimmiger fortschreiben? Wie ist sie entstanden, was waren dabei markante Wendungen? Wie könnte eine gute Zukunft für uns aussehen?

8 Loslassen

Ich sitze meditierend in meinem Freiraumzimmer. Vor mir rieselt der Sand nach und nach durch die Verengung der Sanduhr. Ich beobachte meinen Atem. Ab und an schließe ich (schließen sich) meine Augen. Ab und an schweifen meine Gedanken ab. Ab und an bemerke ich das. Dann komme ich zurück und beobachte meinen Atem. Ab und an öffne ich (öffnen sich) meine Augen wieder. Die Sanduhr vor mir ist auf eine Viertelstunde ausgelegt. Irgendwann steigt ein Gefühl der Irritation auf. Ich beobachte, wie sich mein körperliches Erleben dabei verändert. Die Irritation als solche fühlt sich in mir drinnen irgendwie *kratzig* an. Aha, denke ich. Ich spüre das *Kratzige* in meinem Brustraum und beobachte weiter meinen Atem. Ich schließe meine Augen. Meine Augen öffnen sich. Ich sehe die Sanduhr. Die Irritation wird stärker. Beobachte den Atem. Einatmen. Ausatmen. Die Irritation drängt sich mir jetzt regelrecht auf. Sie beginnt, als innerlicher Gedanke zu mir zu sprechen: „Die Viertelstunde ist doch schon längst vorbei." Ich bin so irritiert von diesem Gedanken, dass ich aus der Meditation herausfalle. Ich beuge mich vor und stelle überrascht fest: Die Sanduhr ist stehengeblieben. Ein letzter Rest Sand sitzt in der oberen Hälfte fest und bewegt sich nicht vom Fleck!

Das feine, *kratzige* Empfinden, das ich in meiner Körpermitte erlebt habe, scheint im ersten Moment etwas sehr Unscheinbares zu sein, eigentlich eher unwichtig. Selten beachten wir ein derartiges Erleben im Alltag. Ich möchte Ihnen in diesem letzten Kapitel deutlich machen, dass Empfindungen wie das Kratzen in meiner Brust von großer Bedeutung sein können. Feine Körperempfindungen können eine entscheidende Rolle spielen, wenn es um das Gelingen sozialen Miteinanders geht. Sie haben das Potenzial, die Dinge zum Guten zu wenden. Sie können helfen, Totpunkte des Scheiterns zu überwinden.

Ich möchte versuchen, die Rolle körperlichen Erlebens in diesem Zusammenhang sehr präzise zu beschreiben. Grundsätzlich lassen sich zwei Arten von Erleben unterscheiden:

- emotionales Erleben und

- eine spezifische Art einer erlebten Ahnung.

Beide Arten erleben wir körperlich. Die Emotion Wut beispielsweise erleben viele Menschen als ein drückendes, heißes Gefühl im unteren Bauchraum. Traurigkeit als das Abfließen von Energie aus dem Körper oder als das Überflutetwerden von einem blauen (tiefen, nassen, ...) Sog. Freude als ein überbordendes Hüpfen des Herzens in der Brust. Soziale Emotionen wie diese haben die Eigenschaft, unser Miteinander stabil zu halten. Wir erleben diese Emotionen zwar als einzelne Menschen, aber paradoxerweise dienen sie der Aufrechterhaltung sozialer Strukturen oft mehr, als uns selbst. Sie setzen die Geschichten fort, in denen wir leben:

„Wenn man nicht Respekt vor den Heiligen
hat, nicht ärgerlich wird, wenn Autoritäten

zur Ordnung rufen, nicht erfreut ist, wenn
man ein Geschenk bekommt usw., dann gelingt es nicht, die kulturell strukturierten Interaktionen wie gewohnt fortzusetzen".[46]

Die zweite Art von Körperempfindungen, die ich von emotionalem Erleben unterscheiden möchte, ist eine feine Art von Ahnung. Diese Ahnungen sind sehr subtil und bei Weitem nicht so intensiv, wie Emotionen es sind. Die Irritation, die ich beim Meditieren erlebt habe, war weniger von der Art der Emotionen und mehr von dieser Art. Wenn wir vage Ahnungen achten und wertschätzen, so kann es uns gelingen, aus unliebsamen Beziehungsdynamiken auszusteigen.

Lassen Sie uns unsere Beziehungen mal für eine Weile als improvisierte Theaterstücke ansehen, die wir miteinander aufführen. Folgen wir diesem Gedanken, so ist ein Konflikt letztlich eine sehr spezifische Art von Inszenierung, die den Beziehungspartner am Ende das erleben lässt, was man zuvor selbst erlebt hat.

Ein Beispiel: Stellen wir uns vor, ein Ehepaar befindet sich über Jahre hinweg in einer konflikthaften Spirale. Beide erleben das (jeweils aus ihrer eigenen Perspektive) so: „Ich kann das kaum noch aushalten. Der andere versteht mich nicht. Ich versuche, Dinge zu tun, die das Ganze retten sollen, aber trotzdem wird es immer schlimmer. Ich komme nicht mehr durch, fühle mich hilflos, isoliert und einsam. Ich kann nichts dagegen tun. Jedes Mal, wenn ich etwas versuche, um es zu retten, dreht es das irgendwie um und macht das Ganze nur noch schlimmer." Am Ende zerbricht die Beziehung,

---

[46]Gendlin, 2015, S. 400

das Paar geht auseinander. In dem Theaterstück, das die beiden inszenieren, spielen Emotionen eine entscheidende Rolle. Da mag zum Beispiel Wut auftauchen, der eine schreit den anderen an, weil er zum anderen durchdringen will. Der andere fühlt sich jedoch von der Lautstärke und der Kraft in der Stimme um so mehr zurückgestoßen. Er zieht sich immer weiter zurück, wird traurig, weint sich die Augen aus. Der Rückzug macht den ersten Partner daraufhin noch hilfloser, er wird noch wütender. Die Spirale schaukelt sich immer weiter auf.

Manchmal spielen in Theaterstücken auch externe Akteure eine Rolle. So mag es etwa sein, dass sich einer der beiden früher oder später zu einem anderen, neuen Menschen hingezogen fühlt. Nach all den mißglückten Rettungsversuchen innerhalb der Beziehung kann es vorkommen, dass die Kraft aufgebraucht ist. Die Lockung des neuen Menschen wird immer größer und schließlich erfolgt ein Nachgeben. Dann kippt es. Und das ist genau der Moment, in dem die Emotionen ihre Besitzer wechseln. Nun ist es die erste Person, die eine tiefe Traurigkeit erlebt – eine Traurigkeit, wie sie bisher die ganze Zeit über von Person zwei erlebt wurde. Und umgekehrt mag es sein, dass Person zwei einen wütendleidenschaftlichen Rausch erlebt, ein emotionales „nach vorne gehen" mit dem neuen Menschen, das sich ganz ähnlich wie die Wut anfühlt, die zuvor bei Person eins war. Vielleicht entsteht daraus eine neue Partnerschaft, die von nun an ihre neuen Theaterstücke gebiert. Die Geschichte hat sich geteilt, sie erfährt ein neues Kapitel.

Das Spannende an Beziehungsprozessen ist, dass die Spirale zwar manchmal mit neuen Akteuren weitergeht, sie hat sich fortgeschrieben. Dennoch hat sie ihr Wesen nicht geändert. Emotionen sind die Träger der Geschichten. Sie helfen, dass wir in den Dynamiken „drinnen bleiben". Und die Geschichten helfen umgekehrt, dass die Emotionen entstehen können. Emotionen und Geschichten implizieren einander. Auch Wilhelm Schapp macht deutlich, dass Emotionen ohne die Geschichten, in denen wir leben, gar nicht existieren würden:

> „Weder gibt es hinter den Geschichten etwas Substanzielles wie Liebe und Hass, Freude und Trauer, das für sich etwas Selbstständiges wäre und in Geschichten einginge, noch steigen sie als selbstständige Gebilde aus den Geschichten auf. Sie sind nur in den Geschichten".[47]

Was hat all das nun mit dem kratzigen Gefühl in meinem Brustraum zu tun, das ich beim Meditieren erlebt habe? Die Antwort lautet: Es kann einen Weg aufzeigen, wie wir solch fatale Dynamiken, wie sie im Beispiel des Ehepaares beschrieben wurden, zum Guten wenden können. Es kann uns einen Weg zeigen, wie wir aus ungut verlaufenden Theaterstücken aussteigen und zu uns selbst finden können. Das feine Erleben der zweiten Art, das ich als eine vage Ahnung beschrieben habe, spielt hierbei die zentrale Rolle.

Es gibt eine bekannte Theorie von Erik H. Erikson über die menschliche Entwicklung[48]. Darin beschreibt er ein epigenetisches Prinzip. Das bedeutet: Wie von einem Epizentrum aus gibt es immer weitere Entwicklungsimpulse, man durchläuft diese Impulse nach und nach, erlebt im Laufe des Lebens

---

[47]Schapp, 2012, S. 150
[48]vgl. 1966

viele verschiedene Krisen und wächst daran. Am Ende erweisen sich diese Entwicklungsstufen als zusammengehörig. Sie haben alle auf ihre eigene Weise zur menschlichen Entwicklung dazu gehört. Ohne die Krisen könnten wir am Ende nicht zu reifen, in sich gerundeten Menschen werden, die ein gutes, volles Leben gelebt haben. Die vage Ahnung, die wir körperlich erleben, und die uns helfen kann, aus unliebsamen Dynamiken auszusteigen, ist so ähnlich, wie das runde Ganze, das bei Erikson ganz am Ende steht. Es ist so, als würden wir in dieser Ahnung das gute Ende, also den guten Zustand nach der Krise, *schon jetzt* spüren.

Wenn wir in Beziehungen *allein* unserem emotionalen Erleben folgen, so zerbrechen sie immer, kurz bevor wir auf die nächste Stufe kommen. Das Zerbrechen einer Partnerschaft ist (aus Perspektive des Universums) grundsätzlich nichts Gutes oder Schlechtes. Es geschieht einfach. Natürlich wäre es gerade in chaotischen Zeiten wie den unseren wünschenswert, wenn Beziehungen lange andauern, wenn Partner miteinander wachsen. Denn das Leben ist einfach schöner, tiefer und reicher, wenn ein zweiter Mensch dabei ist, der dies alles über einen sehr langen Zeitraum bezeugt – und dessen Zeuge wir selbst sind. Zugleich geht es jedoch auch darum, immer wieder die Beziehungsdynamik loszulassen und zuzugestehen, dass es ein Implizieren gibt, das größer ist, als wir selbst, und das zumindest mitentscheiden darf, ob die Beziehung noch passend ist oder nicht. Nur in einer Haltung, die frei lässt, die sich nicht auf ein vorher festgelegtes Ergebnis versteift, können wir uns wirklich auf Beziehungen einlassen. Verbissenheit hilft in Beziehungskrisen am allerwenigsten. Im Moment des Loslassens wird deshalb eine spirituelle Frage daraus, die viel damit zu tun hat, dass wir lernen, Emotionen wie Angst, Wut und Trauer vorüberziehen zu lassen und uns zugleich in uns selbst, in unserer eigenen inneren Tiefe zu gründen.

Mit dem Loslassen und Gründen ist es jedoch nicht getan. Früher oder später kommen die gleichen Emotionen trotzdem wieder auf, sie melden sich immer wieder neu zu Wort. Sie wollen gesehen und gehört werden. Sie verlangen nach Antwort. Wichtig ist deshalb, dass anstelle einer emotionalen Gegenantwort etwas „Volles" entstehen kann, was beide Seiten der Medaille (beide Pole des Konflikts) gleichermaßen voranträgt. Ein Gefühl dafür, wie es im Ganzen und langfristig gedacht *wirklich stimmig* sein könnte. Wie es gut wäre, und zwar so richtig gut, und zwar für alle relevanten Beteiligten. Dieses neue Erleben kann dann als eine Art von Leitstern fungieren. Es ist ein Leitstern, den man nur vage ahnt. Einer, der für das Auge unsichtbar, aber trotzdem deutlich präsent ist. Man sieht ihn nur mit dem Herzen. Dieser Stern kann sich in all unsere Handlungen hineinkreuzen, kann die Konflikte beruhigen. Die Emotionen schießen dann nicht mehr in einer Art von „Ping-Pong-Spiel" zwischen den beiden Partnern hin und her, wie im oben beschriebenen Beispiel. Sondern die beteiligten Personen ahnen nach und nach, dass ihre Emotionen und die Handlungen, die sie tragen, zu einem größeren Ganzen dazu gehören, zu einer Geschichte, die sie beide umfasst, die sich voran schreibt und die Beteiligten mitnimmt. Das vage Erleben von „so wäre es wirklich gut" befreit sie aus der Spirale und öffnet ihnen zugleich völlig neue Möglichkeiten.

Geschichten lassen sich umschreiben. Das Paradoxe daran ist jedoch, dass wir die Schritte, die aus dem vagen Erleben für Stimmigkeit folgen, nicht selbst bestimmen können. Wir können den Leitstern nicht machen, in dem Sinn, wie ein Handwerker ein Möbelstück herstellt. Alles, was wir tun können, ist, unsere eigenen Absichten, unsere Vorurteile darüber, wie es unserer Meinung nach richtig wäre, vollkommen loszulassen. Erst dann kann das neue Erleben kommen. Der Leitstern entsteht, indem wir uns ihm *absichtslos* zuwenden. In einer absichtsvollen Absichtslosigkeit können wir uns diesem Erleben so zuwenden, dass es nach und nach zum Leben findet. Wir brauchen Vertrauen dahingegend, dass die Geschichte selbst ihre eigene *beste* Fortsetzung erfinden kann, und dass wir das nicht für sie tun müssen. Wir brauchen Geduld, denn der Stern ist flüchtig und scheu. Sobald wir nach ihm greifen, entzieht er sich. Wir brauchen Mut, denn oft hängt das, was wirklich stimmig ist, mit einem gewissen schmerzhaften Eingestehen zusammen. Und wir brauchen eine Zuversicht, die das, was ist, akzeptiert. Auch wenn eine Erkenntnis sehr schmerzlich sein sollte: Nur wenn etwas wirklich sein darf, was es ist, kann es sich auch verändern.

Gendlin beschreibt am Beispiel einer Tänzerin, wie ein solches Warten-und-Kommen-Lassen der besten aller Fortsetzungsmöglichkeiten aussehen könnte:

> „Isadora Duncan steht still, manchmal ganz lange. Sie spürt Tanzschritte, in die hinein sie sich bewegen könnte, aber sie fühlen sich nicht richtig an. Was sich richtig anfüh-

len würde, ist noch nicht klar. Sie 'sucht', sagt sie, sie schaut, sie wartet darauf, dass das richtige Fühlen [...] kommt, und sie ist bereit, es entstehen zu lassen.

Dieses Suchen, Warten, Schauen und Zulassen ist eine Art Handlung, eine Art und Weise, sich auf etwas zu beziehen, mit etwas ..... zu interagieren. Womit? Worauf? Es ist eine Interaktion mit 'etwas', das sich richtig anfühlt, mit einer neuen Art des Fühlens, das an einem neuen Ort entstehen wird. [...]

Dass Duncan auf eine neue Weise schaut, wartet, lässt ....., verändert das, was entsteht, aber trotzdem stimmt es immer noch nicht ganz. Sie reagiert auf die sich verändernde Art und Weise des Fühlens, indem sie sich dazu anders verhält. Sie richtet sich auf einen Aspekt des Fühlens aus, den sie tanzen will, und spürt ihm nach. Als Antwort auf dieses Ausrichten und Nachspüren wird das Fühlen selbst deutlicher, als ob etwas da wäre, eine Gegebenheit, ein Objekt, etwas in einem Raum, den es vorher noch nicht gab.

Während das 'Fühlen' [...] sich bildet, versteht es sich sozusagen selber. Es bringt sein eigenes 'ja, ja, genau .....' mit sich. Duncan ist mit sich 'selbst' auf eine neue Art 'in Berührung', wobei dieses 'Selbst' nicht schon vorher da war und gewartet hat. Ein neues, verändertes, stimmigeres 'Fühlen' ist da, ein Gefühl des 'in-Berührung-Sein-mit .....'. Dann erst tanzt sie etwas, das sie vorher nicht hätte tanzen können."[49]

Vielleicht bekommen Sie einen Geschmack davon, dass diese feine, subtile Art des inneren Fühlens et-

---

[49]ebd., S. 398f.

was völlig anderes ist, als emotionales Erleben. Wir brauchen uns nicht von unseren Emotionen mitreißen zu lassen. So, wie der Sand in der Sanduhr hängen geblieben ist, können wir auch in hochemotionalen Prozessdynamiken innehalten und pausieren. Dann spüren wir: Es ist vielleicht später, als wir denken, aber es ist nie zu spät. Wir können unsere Emotionen als etwas Pures schätzen, was uns unser Menschsein spürbar werden lässt. Wir können sie an unsere Mitmenschen verschenken, in Form künstlerischen Ausdrucks. Wenn es jedoch im Alltag zu Konflikten kommt, so können wir geduldig mit ihnen verweilen. Wir können sie beiseite stellen und ein stimmigeres Gefühl, als soziale Emotionen es sind, entstehen lassen. Wir dürfen uns erlauben, von Zeit zu Zeit auszusteigen aus den Theaterstücken, die wir miteinander aufführen. Wir können lernen, zu meditieren, wir können lernen, unseren Atem zu beobachten. Wir können lernen, inne zu halten.

Lassen Sie uns lernen, miteinander eine neue Art von Gefühl zu kultivieren, den unsichtbaren Leitstern, der (wie in Eriksons Epigenetik) schon heute das stimmige Ganze von morgen in sich trägt. Einen Leitstern, den man nur mit dem Herzen sieht. Meist besteht er aus nicht mehr, als aus einem subtilen körperlichen Empfinden. Gendlins Denken begann im Körper (Kapitel 1) und hier endet es auch. Geben wir unsere eigenen Ziele aus der Hand, spüren wir stattdessen den feinen körperlichen Veränderungen nach, die die subtile Ahnung mit sich bringt. Das Kribbeln im Bauch, das Zittern im Brustraum, das Strömen in den Händen sagt uns oft mehr darüber, wie es wirklich gut werden kann, als emotionale

Worte es können. Indem wir unseren feinen Körperempfindungen folgen, erlauben wir dem größeren Ganzen, mit zu entscheiden, was das Beste sein wird. So geben wir der Eigendynamik der Prozesse die Möglichkeit, alle Mosaiksteinchen von selbst an den richtigen Platz fallen zu lassen:

> „Eine altvertraute Art, so etwas zu sagen, wäre, dass man etwas will, wie der Wille Gottes es wollen würde (to want the will of god). Man will das Beste, man will, was auf Dauer das Erstrebenswerteste ist, man will, was man wollen würde, würde man alles wissen. (Jedenfalls verhält es sich so in Bezug auf den Gottesbegriff, den ich hier impliziere.) Darum möchte man es genau so haben, wie man es jetzt sieht, aber zusätzlich möchte man die genau beste Änderung. Zudem: wenn diese Art zu denken nicht die beste wäre, dann würde man wollen, was auch immer die beste ist. Wenn schließlich das 'Beste' nicht in einer richtigen Art darüber nachzudenken oder zu fühlen bestehen würde, auch nicht in einem 'Wollen', dann würde man was auch immer an Veränderungen in Betracht ziehen."[50]

Eine solche Haltung gibt die Zügel aus der Hand. Sie lässt wirklich los. Sie erlaubt, uns von unserem körperlich erlebten Gespür für das wirklich Stimmige vorantragen zu lassen, wie von einer warmen Stömung im Meer[51]. Erst in unserer innersten körperlichen Verankerung finden wir wahre Sicherheit. Lassen wir uns von ihr ergreifen und in die offene Weite hinaustragen.

---

[50]ebd., S. 454f.
[51]Danke an Anna Thurmayer für die Metapher!

Zusammenfassung und Prozessreflexion

Soziale Emotionen sind eine Art von Erleben, das soziale Strukturen stabil hält. Sie entstehen in den Geschichten, in denen wir leben, und sie schreiben die Geschichten gemäß deren Entwicklungslogik fort. Eine bestimmte Art einer feinen Ahnung hingegen kann die Entwicklungslogik von Geschichten so öffnen, dass die Dynamik im Ganzen stimmiger wird. Dazu ist es hilfreich, das Thema der Geschichte als Ganzes im Gewahrsein zu halten und zugleich dem Pfad der feinen körperlichen Veränderungen, der sich daraus ergibt, wie einem Leitstern zu folgen. Je mehr Zeit wir uns lassen, je geduldiger wir der Frage nachspüren, wie es *wirklich* gut wäre, was der *richtigere* Gedanke wäre, oder wie es für *alle* relevanten Beteiligten stimmig wäre, desto wahrscheinlicher ist es, dass alle Mosaiksteinchen von selbst an einen guten Platz fallen können.

- Welcher Gedanke wäre richtiger, als das, was ich bisher gedacht habe? Was will ich denn eigentlich sagen? Worauf kommt es am Ende wirklich an?

- Wie erlebe ich das *größere Ganze*, in das ich eingebettet bin? Wie fühle ich mich selbst in dieser Situation?

- Wo ahne ich so etwas wie frische Luft? Wo zeigen sich die ersten Umrisse eines unscheinbaren Lichtschimmers oder einer kleinen Tür? Welche Sicherheit brauche ich wirklich?

Denken in Prozessen

> *Wanderer, deine Spuren*
> *sind der Weg und sonst nichts;*
> *Wanderer, es gibt keinen Weg,*
> *der Weg entsteht beim Gehen.*
> *Beim Gehen entsteht der Weg,*
> *und beim Blick zurück*
> *sieht man den Pfad, den niemals*
> *man wieder betreten wird.*
> *Wanderer, es gibt keinen Weg,*
> *nur Kielspuren im Meer.*

Antonino Machado

Was heißt es nun, in Prozessen zu denken? Vielleicht ist es mir gelungen, deutlich zu machen, dass Prozessdenken seinem Wesen nach etwas ganz anderes ist, als logisches Denken. Prozessdenken erscheint vielen von uns – eingeschlossen mir selbst – anfangs als etwas so Fremdes, dass wir uns erst einmal langsam daran gewöhnen müssen. Das Denken in Prozessen ist nicht dasselbe, wie eine Metaebene einzunehmen. In vielen „klassischen" Kommunikationsmodellen spielt diese Idee eine wichtige Rolle[52]. Die Metaebene ist eine Draufsicht, gewissermaßen

---

[52]Beck (2013) und Merten (2008) geben einen sehr guten und umfassenden Überblick über unterschiedlichste Arten von Kommunikationsmodellen.

eine Analyse. Denken wir jedoch in Prozessen, so bleiben wir jederzeit Teil des Geschehens. Es ist nicht möglich, Prozesse vollständig zu verlassen, um uns eine Karte davon zu zeichnen und uns ein vollständiges Bild dessen zu verschaffen, was vor sich geht. Das Einnehmen einer Metaebene ist selbst eine sehr spezielle Art von Prozess. Zudem sind Prozesse ständig in Veränderung begriffen, die Karte wäre also schon nach kurzer Zeit wieder falsch und müsste neu gezeichnet werden. Zudem besteht immer die Gefahr, dass wir als Kartenzeichnende in einen unendlichen Regress geraten, wenn wir uns selbst als Zeichnende in die Karte, die wir gerade zeichnen, mit einzeichnen wollen würden[53]. Prozesse bleiben bis zu einem gewissen Grad immer präreflektiv[54]

Verstehen wir Prozesse einfach metaphorisch als das Leben selbst, so leben wir in stark bewegten Zeiten und die Zeiten leben auch in uns. Die Welt, wie wir sie erleben, erscheint uns als zunehmend komplexer und verworrener. Dieser Gedanke kann jedoch auch täuschen. Denn verglichen mit dem vergangenen Jahrhundert leben wir trotz allem in recht geordneten Verhältnissen, zumindest in der westlichen Welt[55]. So betrachtet könnte man auch sagen, dass sich seit einigen Jahrzehnten kaum noch etwas verändert. Gesellschaftlicher Wandel vollzieht sich (dieser Sichtweise zufolge) eher schleichend. Wenigstens in Deutschland und einem Großteil der europäi-

---

[53]vgl. Hofmann, 2017, S. 186

[54]Hier gibt es starke Parallelen zum Phänomen des Vertrauens (vgl. Müller, 2017): Es tritt als Thema erst dann so richtig ins Bewusstsein, wenn es einen „Knacks" bekommt.

[55]Danke an Laura Stephan für diesen Gedanken und für die folgenden Ausführungen!

schen Staaten bleiben wir seit 30 Jahren weitgehend verschont von abrupten politischen Machtwechseln, von Kriegen, die uns erschüttern und von wirtschaftlichem Notstand. Es geht den meisten von uns, im Lichte der Geschichte betrachtet, ziemlich gut.

Neu ist jedoch, dass heute Veränderungen mühelos und weltweit, durch alle gesellschaftlichen Schichten hinweg, *kommuniziert* werden. Wir sind global verflochten, deshalb erreicht uns täglich eine (Über-) Fülle von Informationen – meist auf digitalem Wege. Hier findet die eigentliche Bewegung statt. Die Informationsmassen hängen in unserer Konstruktion der Wirklichkeit auf eine verworrene und vielschichtige Weise zusammen. Die Art, wie wir die medial vermittelte Wirklichkeit erleben, steht in ständiger Wechselwirkung mit unserem Denken und strukturiert wichtige Entscheidungen und letztlich unser Handeln. Die Vielfalt der Optionen, aus denen wir wählen können, eröffnet einen unendlichen Raum von Entwicklungsmöglichkeiten. Die globale Vernetzung spiegelt uns verschiedenste Lebensentwürfe vor, die wir analysieren, bewerten und annehmen oder verwerfen können. Dies kann zu einem Gefühl der Orientierungslosigkeit führen. Stellen wir uns vor, wir stünden in einer gigantischen Bibliothek, beladen mit der Bürde, das *eine* Lieblingsbuch auszuwählen. Dies kann unsere Ichs auslaugen – die psychologische Forschung spricht in diesem Kontext von ego depletion[56].

Die Stärke des Denkens in Prozessen liegt in einer solchen Situation darin begründet, die Komplexität als solche anzuerkennen und zugleich adaptiv darauf zu antworten. In einem derart unvorher-

---

[56]vgl. Baumeister et al., 1998

sehbaren gesellschaftlichen Ökosystem braucht es
ein neues Paradigma, das auch inmitten des post-
modernen Chaos in Richtung Gelingen deutet. Der
Vorschlag, den ich in diesem Buch mache, ist es,
eine Verbindung des logischen Denkens mit dem
Denken in Prozessen zu ermöglichen. Entscheidend
ist dabei, dass Prozessdenken *nicht* den Versuch
darstellt, logisches Denken durch etwas Neues zu
ersetzen. Es kann lediglich als komplementäre Ergänzung fungieren. Wenn logisches Denken meint,
Ziele zu setzen, Pläne zu machen, und diese systematisch Schritt für Schritt umzusetzen, so können
wir dies auch weiterhin tun. Perfektioniert wurde
diese Herangehensweise seit dem Beginn der Neu-
zeit[57]. Systematik, begriffliche Präzision und logische Schlussfolgerungen sind zentrale Kernmerk-
male einer Art des Denkens, die uns weit gebracht
hat. Beim logischen Denken begeben wir uns in Problemsituationen zunächst auf Ursachenforschung.
Wir finden Modelle, die das, was nicht funktioniert,
erklären können. Auf diese Weise können wir es an
den schadhaften Stellen reparieren, entsprechend
unseres logischen Denkmodells. Dann agieren wir
ähnlich wie ein Automechaniker, der einen kaputten
Motor repariert.

Dies ist jedoch nur möglich, wenn wir ein funk-
tionierendes Modell dessen haben, was gerade vor
sich geht. Wenn die Prozesse, in denen wir leben,
ähnlich wie ein Automotor getaktet sind, hilft uns logisches Denken weiter. In bewegten Zeiten, wie den
heutigen, gibt es jedoch ein solches Standard-Modell
oftmals nicht. Persönliche und gesellschaftliche Prozesse sind derzeit auf einer sehr existenziellen Ebene

---

[57]vgl. Welsch, 1988, S. 71ff.

110

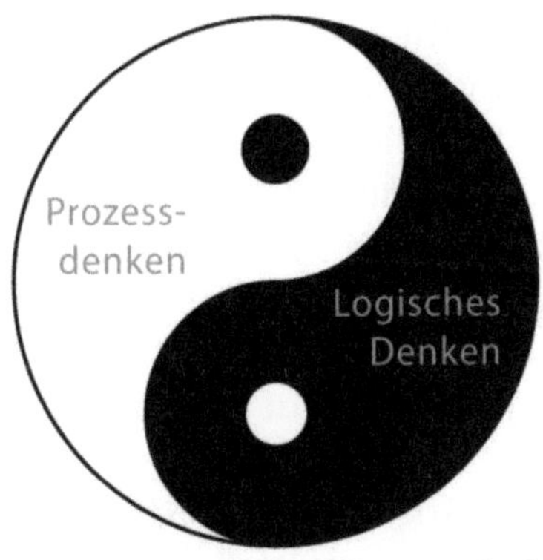

Abbildung: Logisches Denken und Prozessdenken verhalten sich komplementär zueinander.

im Sinne der Chaostheorie[58] nach vorne hin „offen". Das meint: Wir wissen nicht, was kommen wird, es lässt sich aus Vergangenem nichts präzise herleiten. Es ist jedoch auch nicht völlig beliebig, was geschehen wird. Wir leben einfach in einer Zeit vieler Ambiguitäten, die wir nicht künstlich verringern können, sondern mit denen wir einfach werden leben müssen[59]. Wie also ist es möglich, in solch komplexen (Lebens-) Situationen nachhaltig und adaptiv zu handeln? Logisches Denken allein hilft uns an genau diesem Punkt nicht (mehr) weiter. Ich habe das Denken in Prozessen als komplementär bezeichnet, als Ergänzung zum logischen Denken, ähnlich dem chinesischen Symbol von Yin und Yang. Logisches Denken und Prozessdenken gehören zusammen.

Verknüpfen wir diese beiden Arten des Denkens in offenen Situationen klug miteinander, so ist es möglich, ein Gespür dafür, wie sich eine gelingen-

---

[58]vgl. Speck, 1997; vgl. Kriz, 1997
[59]vgl. Bauer, 2018

de Zukunft anfühlen könnte, bereits jetzt in unser Denken miteinzubeziehen. Bewegte Zeiten bieten, wie bereits aufgezeigt, bemerkenswerte Gestaltungsspielräume. Dies gilt besonders in Situationen, in denen Abläufe nicht wie ein Automotor getaktet sind, sondern eher an ein gerade im Entstehen begriffenes Kunstwerk erinnern. Das Denken in Prozessen bezieht sich nicht nur auf die faktische Realität, in der wir leben, sondern auch auf Sehnsüchte und Träume, auf Wünsche und Bedürfnisse – all diese Kräfte können in einem konkreativen gesellschaftlichen Gestaltungsprozess mit berücksichtigt werden. Wir *müssen* nicht, sondern wir *dürfen* und *können*. Diese geänderte Haltung stellt einen grundlegenden Paradigmenwechsel dar.

Es ist bekannt, dass in unsicheren Zeiten populistische und konservative politische Kräfte an Zulauf gewinnen[60]. Ich plädiere dafür, eine klare Alternative zu derartigen Pseudo-Alternativen zu bieten. Eine Alternative, die darin besteht, die Offenheit der heutigen Zeit als Ressource zu nutzen, um diese Zeit selbst zu gestalten. Wir müssen unsere Leben nicht enger machen, als nötig. Wir brauchen nicht den Reflexen zu folgen, um die Ungewissheit, in die unsere Prozesse laufen, künstlich auf Bekanntes zu reduzieren. Üben wir uns in Ambiguitätstoleranz, erlauben wir uns, Widersprüche auszuhalten – ja, sie nicht nur auszuhalten, sondern als kreative Spannungsgeber konstruktiv zu nutzen. Jedes Kontrastpotenzial birgt ungeahnte Möglichkeiten[61]. Erlauben wir uns doch, eine gelingende Zukunft schon jetzt in der Gegenwart als etwas tatsächlich

---

[60]vgl. Funke, Schularick & Trebesch, 2015, S. 2
[61]vgl. Hofmann, 2017, S. 454

Mögliches zu fühlen, als einen Leitstern, als einen inneren Kompass, der uns durch die Bewegung der Zeiten sicher hindurch leitet.

Der Philosoph Wolfgang Welsch sprach bereits in den 1980er Jahren davon, dass die Unüberschaubarkeit, die Unplanbarkeit und das Chaos der „Postmoderne" als etwas grundlegend Positives angesehen werden können[62]. Dies gilt heute umso mehr. Wir können mitbestimmen, wohin Prozesse laufen werden. Ein solcher auf Gelingen ausgerichteter Prozess hat viel mit einer Kommunikation zu tun, die von einer hohen situativen Bewusstheit gekennzeichnet ist[63]. Wenn wir nicht davon ausgehen können, dass Dinge so geschehen, wie geplant, braucht es vor allem die Fähigkeit, einander lange und geduldig zuzuhören. Es kommt darauf an, weniger zu machen und dieses Wenige *besser* zu machen, als zuvor[64]. Es kommt darauf an, sich engmaschig abzustimmen und gemeinsam, Stück für Stück, Steine in den sumpfig wirkenden Untergrund zu platzieren, der vor uns liegt. So dass sie tragen und einen neuen Weg erschaffen.

Es gibt Wissen und Werkzeuge, um mit derartig offenen Situationen professionell umzugehen. Die *Theorie U* Otto Scharmers[65], die *Dynamic Facilitation* Rosa Zubizarretas[66], *Focusing* von Eugene T. Gendlin[67], *Thetaland*™ von Evelyn Fender-Lee und mir[68], der *ECC* Coaching-Ansatz Heinke Delochs

---

[62]vgl. 1988, S.

[63]vgl. Hofmann & Heselhaus, 2019; vgl. Hofmann, 2017, S. 273ff.

[64]vgl. McKeown, 2014

[65]vgl. 2009

[66]vgl. 2014

[67]vgl. 1998

[68]vgl. Fendler-Lee & Hofmann, 2020

und Heinz-Joachim Feuersteins[69], die *Lösungsuhr*® von Christian Uebele und mir [70] und die Sprachfindung mit Hilfe von *Sinn-Bildern*®[71] stellen hier nur einige Beispiele dar. Sie sind etablierte Anwendungsfelder des Denkens in Prozessen. Sie sind erprobt und funktionieren bestens.

---

[69]vgl. Deloch, 2017
[70]vgl. Uebele & Hofmann, 2020
[71]vgl. Hofmann, 2017/2020

Danke

Danke an Donata Schoeller für die sorgfältige Einführung ins Prozessdenken, für Dein ermutigendes Feedback zu diesem Buch und besonders für die Einladung, auf der Focusing-Sommerschule 2018 spontan an Deinem Seminar teilnehmen zu können. Danke auch an Sonja Schell und an Susanne Kempter für den intensiven gedanklichen Austausch. Besonders Eure mich-stoppenden Fragen haben mir geholfen, immer präziser zu werden. Danke an meinen Vater Burkhard Hofmann für das langsame und systematische Durcharbeiten des gesamten Texts. Du hast mir geholfen, mich auf das Wesentliche zu fokussieren. Danke auch an Stefanie Daum, Max Kurlbaum, Detlef Grabbe, Alfred Rindlisbacher und an Simone Wenzel für zahlreiche hilfreiche Kommentare und Anmerkungen zum Text. Es hat mir viel Mut gemacht, dass Ihr als meine „Probeleser" grünes Licht gegeben habt. Danke an Gisela Farenholtz für die konstruktiven Rückmeldungen und für die „Fliegenschissliste". Ein dickes Dankeschön an Laura Stephan für die Unterstützung beim Verfassen des letzten Kapitels. Danke an Frank Como-Zipfel für die sorgsame Endkontrolle der Printversion. Und: Danke an Hanna Hoos für die Covergrafik, die das Prozessdenken ohne viele Worte versinnbildlicht. Herzlichen Dank an Euch alle!

Literatur

Baumeister, R. F., Bratslavsky, E., Muraven, M. & Tice, D. M. (1998). Ego Depletion: Is the Active Self a Limited Resource? In: Journal of Personality and Social Psychology 74 (5), S. 1252–1265

Beck, Klaus (2013). Kommunikationswissenschaft. Konstanz: UVK-Verl.-Ges.

Bernhard, Th.; Mahler, N. (2011). Alte Meister. Komödie. Orig.-Ausg., Berlin: Suhrkamp.

Bauer, W. (2018). Die Vereindeutigung der Welt: Über den Verlust an Mehrdeutigkeit und Vielfalt. Ditzingen: Reclam.

Bollnow, O. F. (1984). Existenzphilosophie und Pädagogik: Versuch über unstetige Formen der Erziehung. Stuttgart: Kohlhammer.

Brand, U. & Wissen, M. (2017). Imperiale Lebensweise: Zur Ausbeutung von Mensch und Natur in Zeiten des Globalen Kapitalismus. München: Oekom.

Buber, Martin; Casper, Bernhard (2004, Orig. 1922). Ich und Du. [Nachdr.]. Stuttgart: Reclam.

Deloch, H. (2017). Erlebensbezogen Denken, Coachen und Moderieren: Der Coachingansatz ECC - Erlebensbezogenes Concept-Coaching. In: Person, Vol. 21, No. 2., 120-131.

Erikson, E.H. (1966). Identität und Lebenszyklus. Frankfurt am Main: Suhrkamp.

Fendler-Lee, E. & Hofmann, T. (2020). Thetaland™. The Game of Inquiry. Höchberg: ZKS Verlag für psychosoziale Medien.

Funke, M., Schularick, M. & Trebesch, C. (2015). Going to Extremes: Politics after Financial Crisis, 1870-2014, CESifo Working Paper No. 5553, October 2015.

Gendlin, E.T. & J. Lemke (1983). A Critique of Relativity and Localization. Mathematical Modelling, 4, 61-72.

Gendlin, E.T. (1998). Focusing. Selbsthilfe bei der Lösung persönlicher Probleme. Reinbek bei Hamburg: Rowohlt.

Gendlin, E.T. (2000). Ein philosophisches Auto für Focusing-Leute (Modell '99). Focusing-Journal, 4, 4-6.

Gendlin, E.T. (2015). Ein Prozess-Modell: Körper. Sprache. Erleben. Freiburg: Karl Alber.

Gibran, K. (2010). Der Prophet. Der Narr. Der Wanderer. Köln: Anaconda.

Hofmann, T. (2017). Experienzielle Kommunikation. Wie kann soziales Miteinander in komplexen Situationen gelingen? Weitramsdorf bei Coburg: ZKS.

Hofmann, T. (2017/2020). Sinn-Bilder: Vom Vagen Erleben zu präzisen Worten. Basisset I/II/Starterset. Würzburg / Höchberg bei Würzburg: Verlag f. psycho-soz. Medien.

Hofmann, T. & Heselhaus, A. (2019). Gelingende Prozesse der Veränderung: Ein Kernmodell der Adaptivität. In: Emotionale und Soziale Entwicklung (ESE) in der Pädagogik der Erziehungshilfe und bei Verhaltensstörungen, 1/19, S. 150 -161.

Illouz, E. (2018). Warum Liebe endet: Eine Soziologie negativer Beziehungen. Berlin: Suhrkamp.

Keiler, P. (2002). Lev Vygotskij - Ein Leben für die Psychologie. Weinheim, Basel: Beltz.

Kriz, J. (1997). Chaos, Angst und Ordnung. Wie wir unsere Lebenswelt gestalten. Göttingen: Vandenhoeck & Ruprecht.

Kriz, J. (1999). Systemtheorie für Psychotherapeuten, Psychologen und Mediziner. Eine Einführung. Wien: Facultas-Univ.-Verl.

Merten, Klaus (2008). Einführung in die Kommunikationswissenschaft. Münster: Lit-Verl.

Müller, T. (2017). „Ich kann niemandem mehr vertrauen." Konzepte von Vertrauen und ihre Relevanz für die Pädagogik bei Verhaltensstörungen. Bad Heilbrunn I. Ob.: Klinkhardt.

Renn, K. (2016). Magische Momente der Veränderung. Was Focusing bewirken kann. Eine Einführung. München: Kösel.

Rifkin, Jeremy (2012). Die empathische Zivilisation. Wege zu einem globalen Bewusstsein. Unter Mitarbeit von Ulrike Bischoff, Waltraud Götting Und Xenia Osthelder. Frankfurt, M.: Fischer-Taschenbuch-Verl.

Rogers, C. R.; Pfeiffer, W. M. (2004). Therapeut und Klient. Grundlagen der Gesprächspsychotherapie. Frankfurt am Main: Fischer Taschenbuch Verl.

Rombach, H. (2012). Strukturanthropologie. Der menschliche Mensch. Studienausg., Freiburg im Breisgau: Alber.

Schapp, W. (2012). In Geschichten verstrickt. Zum Sein von Mensch und Ding. Frankfurt, M: Klostermann.

Scharmer, C. O. (2009). Theorie U - Von der Zukunft her führen. Heidelberg: Carl-Auer-Systeme-Verl.

Shoda, Y., Mischel, W., & Peake, P. K. (1990). Predicting Adolescent Cognitive and Self-regulatory Competencies From Preschool Delay of Gratification: Identifying Diagnostic Conditions. Developmental Psychology, 26, 978–986.

Speck, O. (1997). Chaos und Autonomie in der Erziehung. Erziehungsschwierigkeiten unter moralischem Aspekt. München: Reinhardt.

Suzuki, D. T. (1993). Wesen und Sinn des Buddhismus. Ur-Erfahrung Und Ur-Wissen. Freiburg: Herder.

Taleb, N. N. (2013). Antifragilität. Anleitung für eine Welt, die wir nicht verstehen. München: Knaus.

Uebele, C. & Hofmann, T. (2020 / im Druck). Die Lösungsuhr®. Zwölf Prinzipien, die lösen. Ein praktisches Werkzeug zur Klärung komplexer Problemsituationen. Höchberg: ZKS-Verlag für psychosoziale Medien.

Watts, Tyler W.; Duncan, Greg J.; Quan, Haonan (2018). Revisiting the Marshmallow Test. A Conceptual Replication Investigating Links between Early Delay of Gratification and Later Outcomes. In: Psychological Science.

Welsch, Wolfgang (1988). Unsere postmoderne Moderne. Berlin.

Zubizarreta, R., Zur Bonsen, M. & Bock, V. De (2014). Dynamic Facilitation. Die erfolgreiche Moderationsmethode für schwierige und verfahrene Situationen. Weinheim: Beltz.

Tony Hofmann

Sinn-Bilder® Kartensets

Sinn-Bilder® sind Bildkarten
für Therapie, Pädagogik und Coaching.

Sinn-Bilder® erleichtern den Einstieg in Erlebensprozesse. Sie helfen, das auszudrücken, was spürbar ist.

Jede Karte zeigt eine bildhafte *Metapher*. Die Motive sind *offen* für das gefühlsmäßige Erleben und zugleich *konkret* genug für sprachliche Beschreibungen. Die Karten sind überall da einsetzbar, wo ein Mensch etwas subjektiv Bedeutsames schon *spürt oder ahnt*, aber bisher noch nicht ausdrücken kann.

Kostenlose Downloads:
www.sinn-bilder.de

Kartenset bestellen:
www.zks-verlag.de/shop/

Seminarangebote:
www.tonyhofmann.com